兵团社科基金项目（项目编号：12YB24）

经济管理学术文库·经济类

新疆生产建设兵团城镇化建设中的资金需求与金融支持研究

Research on the Funding Needs and Financial Supports in the Urbanization Construction of XPCC

杨兴全　张　杰　吴春贤　王　江／著

经济管理出版社
ECONOMY & MANAGEMENT PUBLISHING HOUSE

图书在版编目（CIP）数据

新疆生产建设兵团城镇化建设中的资金需求与金融支持研究/杨兴全等著．—北京：经济
管理出版社，2014.12
ISBN 978 – 7 – 5096 – 3559 – 9

Ⅰ．①新…　Ⅱ．①杨…　Ⅲ．①生产建设兵团—城市化—资金需求—研究—新疆 ②生产建
设兵团—城市化—金融支持—研究—新疆　Ⅳ．①E24 ②F299.274.5

中国版本图书馆 CIP 数据核字（2014）第 290330 号

组稿编辑：曹　靖
责任编辑：杨国强
责任印制：黄章平
责任校对：王　淼

出版发行：经济管理出版社
　　　　　（北京市海淀区北蜂窝 8 号中雅大厦 A 座 11 层　　100038）
网　　址：www. E – mp. com. cn
电　　话：（010）51915602
印　　刷：北京易丰印捷科技股份有限公司
经　　销：新华书店
开　　本：720mm×1000mm/16
印　　张：10.75
字　　数：126 千字
版　　次：2015 年 6 月第 1 版　　2015 年 6 月第 1 次印刷
书　　号：ISBN 978 – 7 – 5096 – 3559 – 9
定　　价：48.00 元

前　言

城镇化（Urbanization）是经济社会发展的自然历史过程，是经济系统演进所引致的人类生产、生活方式的空间集聚与分化过程。城镇化伴随着农村人口持续向城镇转移，产业不断向城镇聚集，产业结构非农化，城镇数量增加以及城镇规模不断扩大的过程。新型城镇化在解决农村剩余劳动力转移、扩大内需、推动国民经济可持续发展等方面发挥着不可替代的作用，是我国现阶段转变经济发展方式的重要途径之一。新疆生产建设兵团（以下简称兵团）是新疆经济发展、社会稳定、边防巩固、长治久安的重要力量。加快新型城镇化进程，是中央在"新常态"下更好地发展壮大兵团、更好地发挥兵团作用所做出的重大战略安排，兵团党委六届四次全委（扩大）会议提出："加快推进具有兵团特色的城镇化体系建设，力争到 2015 年兵团城镇化率达到 60％，2020 年达到 70％"。兵团城镇化建设是新疆城镇化的重要组成部分，新的历史条件下加快推进兵团城镇化建设，对于促进兵团经济发展、维护新疆社会稳定、履行"屯垦戍边"的历史使命具有重要的现实意义。

目前，兵团加快了"以城镇化为载体，以新型工业化为支撑，以农业现代化为基础"的兵团"三化"建设。然而，随着兵团城镇化建设的推进，资金"瓶颈"效应不断凸显。2012年4月兵团财务局专题调研结果显示，2011年末兵团农牧团场平均资产负债率为93%，有40个团场甚至超过100%，其中城镇化建设引致的资金需求是导致团场债务负担沉重的主要原因。在这种情况下寻求新的资金渠道，支持兵团城镇化进程，促进兵团经济、社会可持续发展是摆在我们面前亟须解决的首要问题，而金融在城镇化发展过程中起到的支持城镇化基础设施和公共服务设施建设，支持城镇化过程中企业发展，支持城镇化过程中人口规模扩张和素质提高的作用，使得构建具有兵团特色的城镇化金融支持体系，是我们解决制约兵团城镇化发展资金难题的不二之选。

本书以城镇化相关理论为基础，运用金融理论，并综合运用定量分析与定性分析相结合的方法。第一，从城镇化进程中的金融支持机制分析入手，梳理了经济发展与金融发展的理论、城镇化进程与金融支持的作用机理等理论，构建了本书的研究框架。第二，研究了兵团城镇化发展状况，系统分析了兵团城镇化发展历程，人口城镇化水平、城镇规模体系、城镇经济发展状况等，利用综合评价模型对2006～2012年兵团城镇化综合水平进行评价，探索2012年兵团各师城镇化综合发展水平差异。第三，系统分析兵团不同模式城镇在城镇化建设中的资金需求，分别对兵团建制市镇和非建制市镇城镇化建设的资金需求及供给状况进行分析。第四，通过构建金融支持城镇化建设的计量经济模型对兵团未建市的师（团）分析，针对兵团已建市的师（团）（以第八师石河子市为例）构建基于向量自回归（VAR）时间序列模型进行分析，探析兵团金融支持城镇化建设中存在的问题。第五，在上述分析的基础上，构建兵团新型城镇化建设中的金融支持体系。

第六，对金融支持兵团城镇化发展提出政策建议。

通过上述研究，本书得出如下结论：第一，兵团建制市镇与非建制市镇在城镇化建设水平方面存在重大差异，制度创新是推动兵团新型城镇化建设的核心动力；第二，兵团建制市镇与非建制市镇城镇化建设资金均存在巨大缺口，兵团绝大多数城镇都是非建制城镇，不享受国家有关城镇建设的资金和配套政策，财力不足，小城镇建设投入难以为继；第三，由于管理体制等多方面原因，兵团城镇化建设融资渠道不畅，城镇建设的自我积累能力弱化，兵团小城镇建设对公共投入依赖过大，民营资本投入较少，投资主体单一，招商引资效果不好；第四，实证结果分析表明，兵团非建制市镇金融对农业的支持与城镇化建设呈负相关，建制市镇税收对城镇化的推动作用缺乏长期效果，因此应加大对非建制市镇非农产业的支撑力度，扩大建制市镇的税收规模，促进城镇化可持续发展；第五，兵团应构建多层次的金融市场体系、多样化的金融组织体系、立体化的金融服务体系，规范不同金融机构的业务范围，避免金融资源的重复使用，提高资金使用效率。

目　　录

第一章 城镇化进程中的金融
支持机制

城镇化是由多个子系统组合而成的系统工程，包括城镇基础设施建设、非农产业发展、户籍制度改革和金融支持。其核心动力是产业结构的优化调整，而生产要素流动与集聚是城镇化的实现基础，制度安排与变迁是城镇化的推进机制。现代经济发展的核心是金融的快速发展，这决定了城镇化机制转换和实现过程中必然需要金融服务的支持。快速的城镇化从供给和需求两个方面必然要求金融服务在更大范围和深度上加大支持，因此，金融的发展不仅是城镇化进程中的一个重要组成部分，而且在很大程度上反过来影响城镇化的进程和去向。

第一节 问题的提出

2010 年中央新疆工作座谈会上，胡锦涛强调，新疆生产建设兵团（以下简称兵团）在新疆发挥着"建设大军、中流砥柱、铜墙铁壁"

的作用①，要把城镇化、新型工业化、农业现代化作为兵团特殊体制和社会主义市场经济体制紧密结合的有效措施。2014 年，习近平在新疆考察时指出，要把兵团工作放到新疆长治久安的大局中，兵团的存在和发展绝非权宜之举，而是长远大计。新形势下兵团工作只能加强，不能削弱。要让兵团成为安边固疆的稳定器、凝聚各族群众的大熔炉、汇集先进生产力和先进文化的示范区。城镇化是实现上述目标的重要途径之一。

城镇化发展是实现兵团特殊体制与市场经济体制紧密结合的有效措施，推进城镇化发展能有效挖掘兵团内需的最大潜力，合理统筹兵团师（团）（城乡）的良性发展，推进产业结构调整优化升级，转变经济发展方式，提高中等收入者的比重，对兵团经济实现跨越式发展具有巨大的拉动作用。

在促进兵团"三化"协调发展中，新型城镇化为工业化发展提供平台和载体。发达国家城镇化发展历程表明，当城镇化率和工业化率同时处于 13% 左右的水平时，人均收入增长使城镇居民需求趋向多元化，仅凭工业结构的内部调整无法满足需求的变化，消费、就业、资本服务创造的需求开始拉动服务业的发展，导致城镇就业人口持续增加，城镇规模逐步增大，为工业发展提供良好的外部环境，并吸引工业企业进一步向城镇集中，促进工业的发展。同时，城镇化为农业现代化发展提供了科技、人才和环境支撑，加速了农业剩余劳动力的转移，从而实现了农业规模化经营的目标，城镇化发展所产生的集聚效应以及对周边产生的辐射带动效应拓展了农业产前、产后的发展空间，

---

① 新华网. 新疆工作座谈会召开，胡锦涛、温家宝发表重要讲话［EO/BL］. http: //www. xinhua-net. com/chinanews/2010 −05/21/content_ 19849101_ 4. htm.

延长了农业产业的链条，培养了大批的龙头企业和农副产品交易市场，从而成为农业产业化向深层次发展的"推进剂"。

基于以上，兵团加快了"以城镇化为载体，以新型工业化为支撑，以农业现代化为基础"的兵团"三化"建设。然而，随着兵团城镇化建设的推进，资金"瓶颈"效应不断凸显。2012年4月，兵团财务局专题调研结果显示，2011年末兵团农牧团场平均资产负债率为93%，有40个团场甚至超过100%。其中，城镇化建设引致的资金需求是导致团场债务负担沉重的重要原因。兵团"十二五"规划纲要指出，"十二五"末兵团城镇化率目标要达到60%，比"十一五"末提高10个百分点，并率先在西北地区实现小康社会的目标。然而，基于目前兵团各项事业发展主要依靠中央有限的财政补助，自身基本没有财税权、缺乏造血功能的现实情况，要实现以上目标无疑增加了兵团各级行政机关及广大职工群众的负担。在这种情况下寻求新的资金渠道，支持兵团城镇化进程，促进兵团经济、社会可持续发展是摆在我们面前亟须解决的首要问题，而金融在城镇化发展过程中起到的支持城镇化基础设施和公共服务设施建设，支持城镇化过程中企业发展，支持城镇化过程中人口规模扩张和素质提高的作用，使得构建具有兵团特色的城镇化金融支持体系，是我们解决制约兵团城镇化发展资金难题的不二之选。在此背景下，深入研究兵团城镇化进程中的资金需求和金融支持问题，一是为丰富区域城镇化与金融支持的相关理论，拓宽兵团城镇化研究领域，为推进兵团城镇化进程和金融发展提供理论支持；二是为兵团金融资源决策和资金需求决策提供科学依据，为解决兵团加快城镇化进程中的资金需求和金融支持提供对策建议。

第二节　国内外研究动态

国外城镇化金融支持研究主要关注金融体系对城镇化进程中具体领域或行业的资金推动作用，主要代表有：Stopher and Peter（1993）发现金融发展为美国铁路交通建设提供了巨大资金，并支持其发展①。Kyung – hwan Kim（1997）发现金融支持对房地产投资和基础设施建设的大力发展具有至关重要的作用②。Cho、Wu and Boggess（2003）认为金融对土地投资与开发中资金短缺的支持，以及加快城市化进程具有巨大的促进作用③。Chang、Peng and Wang（2008）认为金融发展能解决水资源建设中的资金"瓶颈"问题，能为快速的城市化铺平道路④。国内相关研究主要集中在如下四个方面：

一、城镇化与金融支持的理论分析

现有研究认为金融在基础设施和公共服务设施建设、中小企业发展、人口规模扩张和素质提高以及城市化进程等角度发挥着作用（梁

---

①　Peter R. Stopher. Financing Urban Rail Projects: The Case of Los Angeles [J]. Transportation, 1993, 20 (3): 229 – 250.

②　Kim, Kyung – hwan. Housing Finance and Urban Infrastructure Finance [J]. Urban Studies, 1997, 34 (10): 1597 – 1620.

③　Cho S – H., Wu J. Boggess W. G. Measuring Interactions among Urbanization, Land Use Regulations, and Public Finance [J]. American Journal of Agricultural Economics, 2003, 85 (4): 988 – 999.

④　CHANG Miao, PENG Lijuan, WANG Shiwen. Development of Environmental Management System in China's Financial Sector [J]. Frontiers of Environmental Science and Engineering in China, 2008, 2 (2): 172 – 177.

欣然①；李新星②；方少勇③）。在农村城镇化研究方面：朱建华、周彦伶、刘卫柏④认为农村金融支持欠发达地区城镇化建设能够实现"双赢"，审视农村城镇化的金融支持现象，以市场为导向，通过城镇化集聚经济发展要素，根据城镇化建设规划合理配置金融资源，创新金融支持欠发达地区农村城镇化的路径，通过农村金融促进城镇化发展的良性互动，加速农村社会的全面发展。范立夫⑤对我国农村城镇化及其金融支持的现状进行阐述的基础上，明确了金融支持农村城镇化的内容，分析了当前金融支持我国农村城镇化进程中存在的问题，最后提出了相应的对策建议。王士伟⑥对我国农村城镇化进程中金融支持的现状进行了概述，分析了金融支持对农村城镇化建设的作用，针对当前农村城镇化进程中金融支持方面亟须解决的问题提出了相应的对策及建议。刘泽佳、李明贤⑦认为农村金融在农村城镇化进程中发挥着重要作用，分析了农村城镇化进程中金融支持的必要性，阐述了金融支持农村城镇化的内容以及我国农村城镇化发展进程中金融支持的供求矛盾，提出了加强政策引导、探索多元化资金筹集方式、提高金融机构服务质量等完善我国农村城镇化进程中金融支持的策略。

二、城镇化进程的评价

国外文献主要关注城镇化进程的可持续性问题，S. Mostafa Ra-

① 梁欣然．我国城市化进程中的金融支持［J］．金融教学与研究，2007（5）．
② 李新星．我国城市化进程中的金融支持研究［D］．湖南大学博士学位论文，2009．
③ 方少勇．小城镇城市化金融支持与政府干预［J］．金融理论与实践，2005（4）：3-5．
④ 朱建华，周彦伶，刘卫柏．欠发达地区农村城镇化建设的金融支持研究［J］．城市发展研究，2010（4）．
⑤ 范立夫．金融支持农村城镇化问题的思考［J］．城市发展研究，2010（7）．
⑥ 王士伟．农村城镇化进程中金融支持存在的问题及对策［J］．经济纵横，2011（7）．
⑦ 刘泽佳，李明贤．农村城镇化进程中金融支持研究［J］．湖南农业科学，2012（7）．

soolimanesh et al. 指出，发展中国家城镇化建设要有可持续性，要实现经济、社会、环境三者协调发展①；Elfie Swerts et al. 通过对印度城镇化的实证分析，认为印度的城镇体系与其分散式发展模式是相符的，而且其城镇的层次分布也在有序地升级②。国内学者对城镇化进程的研究主要集中在城镇化的综合评价及发展对策方面，肖万春指出，新型城镇化是指坚持以人为本，以新型工业化为动力，以统筹兼顾为原则，以特大城市为依托，走科学发展、集约高效、功能完善、环境友好、社会和谐、个性鲜明、城乡一体、大中小城市和小城镇协调发展的城镇化道路③。林宪斋、王建国研究河南新型城镇化时指出，加快推进新型城镇化应该优化城镇化空间布局、妥善处理"三化"协调发展、强化产业支撑、提升城镇综合承载能力、创新城镇化体制机制④；连玉明、武建忠在回顾我国城镇化进程时指出，中国的城镇化道路必须从中国国情出发，走符合中国国情、符合各地区实际的特色新型城镇化道路⑤。

在新疆城镇化进程的评价方面，王瑞鹏、郭宁在对新疆城镇化过程特征与评价中运用主成分分析法，将综合评价结果与新疆人口城镇化水平进行对比分析，他们的结论是，总体上新疆城镇化处于滞后状态，但在不同区域层面上滞后城镇化与过度城镇化并存⑥。兵团城镇化

---

① S. Mostafa Rasoolimanesh, etc. City Development Strategies (CDS) and Sustainable Urbanization in Developing World [J]. Procedia – social and Behavioral Sciences, 2012 (36): 623 –631.

② Elfie Swerts, etc. The Future of India's Urbanization [J]. Futures, 2014 (56): 43 –52.

③ 肖万春. "两型"区域经济发展新论 [M]. 长沙：湖南人民出版社，2011.

④ 林宪斋，王建国. 河南蓝皮书《河南城市发展报告 2012》推进新型城镇化的实践与探索 [R]. 北京：社会科学文献出版社，2012.

⑤ 连玉明，武建忠. 中国政情报告 2011 年 [M]. 北京：中国时代经济出版社，2011.

⑥ 王瑞鹏，郭宁. 新疆城镇化过程特征与评价——基于对两种指标体系对比分析的视角 [J]. 生态经济，2012 (10).

作为新疆城镇化的重要组成部分，有必要对兵团城镇化进行评价。方兴、张栋对团场城镇化现状进行分析，认为城镇化在兵团已经取得了重要进展，从体制和模式选择到制度和政策安排，都走出了兵团特色的新路①。陈科认为兵团在推进城镇化战略过程中规划水平较低、发展模式受到制约、人口聚集难度大、城镇凝聚力和扩张力有限②。

三、城镇化与金融发展的实证分析

城镇化与金融发展的实证分析主要侧重对城镇化与金融支持二者相互关系展开研究。张宗益、许丽英利用带控制变量的 VAR 模型对时序数据进行分析，发现金融发展有力地推动了城市化进程③。郑长德实证分析发现中国城镇化水平与经济金融化水平存在高度正相关④。徐小林等以广饶县为案例实证分析发现金融发展对工业化城镇化起到了积极助推作用⑤。孙长青（2012）对河南省 1978～2010 年城镇化工业化和金融发展的动态关系进行了实证分析，结果表明，金融发展对于工业化和城镇化发展都有促进作用，并且影响随着时间逐渐增加⑥。

蒙荫莉实证检验了金融发展与城镇化水平的关系，发现金融深化与城镇化存在双向因果关系。格兰杰因果检验显示金融中介发展与城镇化水平相互影响⑦。黄勇、谢朝华采用 VAR 模型，通过约翰森协整

---

①　方兴，张栋．兵团农牧团场城镇化财政管理模式探析［J］．新疆农垦经济，2012（10）．

②　陈科．新疆兵团新型城镇化发展及对策研究［J］．城市规划，2012（7）．

③　张宗益，许丽英．金融发展与城市化进程［J］．中国软科学，2006（10）．

④　郑长德．中国的金融中介发展与城镇化关系的实证研究［J］．广东社会科学，2007（3）．

⑤　徐小林，刘春华，王树春．基于 VAR 模型对城镇化、工业化与金融发展变迁的实证分析——广饶案例［J］．金融发展研究，2012（12）．

⑥　孙长青．基于 VAR 模型的城镇化、工业化与金融发展关系分析——以中原经济区为例［J］．经济经纬，2012（6）．

⑦　蒙荫莉．金融深化、经济增长与城市化的效应分析［J］．数量经济技术经济研究，2003（4）．

检验与格兰杰因果检验发现，我国银行贷款和城镇化建设之间存在直接的因果关系①。这表明银行贷款对城镇化发展具有重要的支持效应，但随着资本回报率的逐步降低，金融部门对城镇化建设资金的增长趋势逐步放缓。

具体到兵团城镇化研究方面，学者们大多侧重于城镇化与金融支持间相互关系的研究，张玉霞、陈文新对兵团城镇化与金融支持进行协调性分析，发现二者存在耦合关系，彼此作用、相互促进，兵团城镇化与金融支持匹配度较高的年份其经济发展水平也较高；对兵团金融支持城镇化效应分析，发现兵团金融支持规模及效率对空间城镇化效应显著，对人口及产业城镇化无显著影响，而金融支持结构促进人口城镇化，抑制产业及空间城镇化②。张雯通过兵团城镇化水平的测评和金融支持城镇化效应的实证分析得出结论：金融系统通过直接融资对兵团城镇化发展的边际作用较大，在直接融资和间接融资中，通过非农业产业发展对城镇化的带动力最大③。

四、金融支持城镇化发展的设想

在金融支持城镇化发展的设想方面，贾康、孙洁提出在城镇化进程中由于基础设施、公用事业、公共服务的准公共产品属性，无论政府投资或是私人投资提供，都存在严重不足或缺陷，认为较理想的供给模式是公私合作模式④。付敏英、汪波基于群决策的原理和方法，并利用模糊偏好关系和改进的模糊集结算子，对天津滨海新区 DG 城镇

① 黄勇，谢朝华. 城镇化建设中的金融支持效应分析 ［J］. 理论探索，2008（3）.
② 张玉霞，陈文新. 城镇化与金融支持的协调度分析——以新疆生产建设兵团为例 ［J］. 湖南财政经济学院学报，2012（4）.
③ 张雯. 金融支持兵团城镇化发展的效应研究 ［J］. 新疆农垦经济，2012（1）.
④ 贾康，孙洁. 城镇化进程中的投融资与公私合作 ［J］. 中国金融，2011（19）.

化产业园区开发的融资模式和融资方案进行实证研究，结果显示 DG
产业园区 ABS 的融资模式及融资方案简单易行具有较强的科学性和适
用性①。王建威、何国钦将财政手段与金融手段有机结合，从协同创新
的理论视角对城镇化发展的形成机理和演变路径进行了理论阐述②。何
静、戎爱萍通过分析金融对城镇化的促进作用以及当前金融体系和金
融体制在城镇化进程中存在的问题，提出了城镇化进程中金融体系和
金融体制的创新方式③。唐晓旺基于河南省存在城镇化融资主体和融资
方式单一、融资渠道不畅、配套设施不完备等因素，提出创新城镇化
建设投融资机制、拓宽融资渠道、营造投融资环境、规范投融资平台、
鼓励和引导民间资本进入城市基础设施建设和公共服务领域的新型城
镇化投融资机制④。王薇提出我国城镇化进程中的新型融资模式认为公
私合作、资产支持证券化、城市建设发展基金、市政债券、信托计划
新型融资模式，可为城镇化的快速发展提供可持续性的资金保障⑤。刘
志勇认为，随着我国城镇化过程的快速发展，引导各类生产要素向小
城镇集聚，政府应通过引导设立私募股权投资基金方式解决小城镇发
展的资金"瓶颈"问题⑥。也有金融支持城镇化发展思路创新方面涉
及兵团的研究，在对兵团城镇化建设及其金融支持的现状进行分析的
基础上，探讨了兵团城镇化模式的选择，分析了当前金融支持兵团城
镇化发展中存在的不足，最后给出相应的策略建议⑦。

① 付敏英，汪波．城镇化融资方案选择研究［J］．湖南大学学报（社会科学版），2012（6）．
② 王建威，何国钦．城镇化发展与财政金融支持机制协同创新的效率分析［J］．上海金融，2012
（6）．
③ 何静，戎爱萍．城镇化进程中的金融创新研究［J］．经济问题，2012（1）．
④ 唐晓旺．河南省新型城镇化投融资机制创新研究［J］．管理学刊，2012（5）．
⑤ 王薇．我国城镇化进程中的新型融资模式［J］．安庆师范学院学报（社会科学版），2012（6）．
⑥ 刘志勇．利用私募股权投资基金加快城镇化步伐［J］．中国经贸导刊，2013（1）．
⑦ 王勇．金融支持兵团城镇化发展对策研究［J］．时代金融，2012（23）．

综上所述，国内外关于城镇化进程与金融的文献多为探讨金融发展与城镇化进程间关系的研究。其中，国外文献主要分析了金融发展对城镇化进程中具体领域或行业的资金推动作用，较少考虑金融支持与城镇化水平的总体关系。国内学者则在借鉴国外理论的基础上，结合国情分析我国城镇化现状、特点和规律及其问题并提出相应的对策，研究大多停留在表面，很少深入探讨。虽然，国内部分学者也对金融支持与城镇化水平进行实证检验，但是其研究较少考虑区域差异。此外，城镇化的发展受制于资金问题，而现有研究很少从城镇化进程中的资金需求方面研究金融支持作用。同时，关于兵团城镇化的研究也从未考虑金融支持的具体作用。因此，关于兵团城镇化进程中的资金需求与金融支持问题的研究无论在理论上还是在实践上都具有重要意义。

第三节　城镇化的相关理论

一、城镇化的内涵

由于城镇化是一个系统工程，包含经济、社会、生态、文化等多个方面，学术界对城镇化的内涵还未形成一致的理解。目前学术界对城镇主要有两种界定方法：一是广义的理解，它包括具有一定规模的大中小城市和建制镇；二是狭义的理解，只包括大中小城市，不包括建制镇。按照我国现行《城市规划法》的规定，行政建制市和镇统称为城镇。学者们普遍认为城镇是城市功能的自然延伸与发展，是区域的政治、经济、文化中心，是连接城市与农村的桥梁。同时，作为经济、文化、教育、体育、卫生等发展载体的城镇，集中体现了中央或地方政府管理能力、综合能力和国际竞争能力。因此，城镇的发展理念不仅要以将其发展成为吸纳和接收大城市功能辐射的地区，同时也要将其建设成为具有一定辐射和带动功能的农村区域经济文化中心。

城镇化的发展是二元经济向现代经济过渡的必然阶段。随着现代经济的发展，尤其是进入工业化阶段后，经济发展方式要求资源在区域中集中配置，此时生产具有较高的效率。可见，城镇化的发展在更大程度上提高了资源的配置效率。城镇对其周围农村具有一定的辐射带动作用，也就是增长极理论所说的极化效应和辐射效应，这种效应的大小取决于城市的行政级别、经济基础、科技实力等。即不同的城镇对周边农村的影响常常与其所处地区的政治、经济、文化状况有关，且增长极效应是一个循环积累的长期过程，绝对不会一蹴而就。推进城镇化建设，一定要在遵循城镇化发展规律的前提下，强化与辐射区域相互关系的积累过程，在提高城镇化水平的同时实现城镇与农村的良性互动，最终实现城乡一体化。

城镇化是一个系统工程，是一个综合性的概念。在我国城镇化建设中，有一种片面观点认为：城镇化就是小城镇建设，用小城镇建设囊括城镇化的全部内容。实际上，城镇化包含的内容极其丰富，小城镇建设只是城镇化的内容之一。从我国的国情和新疆兵团区情出发，城镇化过程的一个问题是大中城市的扩张和发展；从社会发展的角度看，城镇化包括了依法治疆、公民道德建设、社会稳定与长治久安等更广泛的内容；从生态文明角度看，城镇化还包括人与自然的和谐相处与可持续发展。

二、城镇化的作用

随着我国社会主义市场经济的建立和完善，城镇间的交往与联系更加紧密，以一个或多个核心城市为中心，多个城镇分工协作共同组成的城镇群迅速崛起，这成为我国区域经济发展的引擎，同时也成为我国经济融入全球化和参与国际竞争的重要载体。改革开放以来，我国城镇建设得到了持续和快速的发展，城镇已经成为国民经济和社会发展的核心载体。中共十六大结合我国发展的现实情况提出的坚持走中国特色的城镇化道路，促进大中城市和小城镇协调发展，更是让中国的城镇化发展取得了巨大成就。城镇化的功能作用主要表现为：

（1）城镇化显著提高了城乡居民的收入水平和生活水平。我国的城镇化是伴随着改革开放和工业化的快速推进而发展起来的，是世界城镇化历史上受益人最多的城镇化。伴随城镇化的快速发展，居民收入明显增多，城乡居民生活环境、生活水平发生了翻天覆地的改变。国家统计局数据显示：2009 年全国城镇居民可支配收入已达 16000 元，是改革开放初期的 47 倍。农村居民收入也同步增长，2009 年农村人均收入已达 60214 元，是 1978 年的 39 倍。2011 年，我国已基本解决现有的 1000 万城市低收入家庭住房困难的问题。随着经济的发展，覆盖城乡的就业和社会保障体系不断完善。

（2）城镇的增长极效应不断凸显。随着我国市场经济的建立与完善，城镇在区域经济发展中的重要地位持续提高。目前，我国已基本形成了三大城市群、七大城市带和 50 个大城市圈。城市群在我国区域经济中的地位与作用不断加强，如长三角、珠三角、京津环渤海三大城市群，虽占全国国土面积不足 3%，却聚集了我国 14% 的人口，创造了 42% 的 GDP，吸引了 79% 的外来投资，在辐射带动城乡和区域发展中发挥了重要作用。随着国家西部大开发、中部崛起、东北老工业基地振兴等战略的实施，逐步形成了沿长江、沿陇海铁路、哈长沈、沿京广铁路、济青烟威、绵德成渝沿线、沿南昆铁路七大城市带，城镇群不断发育与壮大，对区域经济发展的辐射与带动作用也持续增强。与此同时，我国逐步形成了 50 个大城市圈，多是以省会城市和具有优势与特色的地级市为主的区域中心城市。这些省会和区域中心城市发挥着辐射和扩散作用，带动周围城市的发展，从而逐渐成为一个大的城市圈，增长极的效应极为突出。

第四节 金融发展相关理论

一、金融发展的内涵

由于不同学派研究视角的差异，对"金融"概念与内涵的界定也有所不同。目前，学术界对"金融"最具代表性的界定是：金融是社会资金融通的总称。金融体系是指有关社会资金的集中、流动、分配和再分配的一个过程。它由将资金的流出方（资金盈余单位）和流入方（资金短缺单位）两者相连接的金融中介机构、金融市场以及对这一系统进行管理的中央银行和其他金融监管机构共同构成。金融发展是金融理论中的一个重要分支，现阶段已经得到学术界的广泛关注，并取得了一系列的研究成果。从实践和应用的角度看、准确地衡量其发展的程度就必须选择可度量的具体指标来加以描述。

金融发展包括两层含义：一是金融的总量扩张，即表现为金融机构的数量、贷款总规模、证券筹资数额、货币供应量等金融总量指标的增加，这些指标用以反映金融中介发展的广度。一般以经济货币化（M2／GDP）、金融相关比率 FIR（金融资产总量／GDP）等指标表示。二是结构优化，即通过持续不断的结构创新措施促进金融结构的优化，特别是通过金融市场的结构改善来满足投资主体多方面不断发展的金融需求。

二、金融发展的作用

（一）提高投融资水平和效率

金融对经济发展具有两方面的推动作用：一方面可以增加要素总量，起到要素的集聚效应；另一方面通过调整要素间的结构比例提高要素的生产率，比如资本的生产效率、投融资效率等促进经济发展。可见，金融具有资本积累效应与资本配置效率，两者对经济发展与生产率的提高具有决定性作用。从资本的总量集聚角度来看，金融发展可以为社会经济的发展聚集与分配充足的资本，从而增加资本的积累，而资本积累是扩大再生产的基础，是经济增长的重要投入要素。国家通过各种金融政策的导向更好地动员储蓄，并且有效地将其转化为资本投入，达到资本积累的目的，进而对经济增长起到推动作用。可见，金融服务质量的高低直接决定着投融资的效率，也直接影响着资本配置效率。如储蓄转化为投资的效率、证券市场融资效率等。

（二）改变企业组织结构和企业规模

现代经济中由于生产要素很难集中在少数人手中，现代企业的发展往往来自于合作盈余的产生，在资本方面表现为所有权与经营权的分离以及所有权的分散化。企业的成长和规模扩张需要资金的支持，而实现这一目标需要金融的发展。企业的规模扩张大致有两种形式：

一种是通过要素投入来实现生产规模直接扩张；另一种是通过收购兼并或资产重组来完成。任何一种规模扩张均需要金融的支撑，如果企业想通过第一种途径实现规模的扩张，往往需要借助银行或资本市场实现；如果想借助第二种途径来实现企业规模的扩大，大多情况是通过资本市场完成的，因为这种方式效率更高、成本更低、周期更短。

（三）促进产业结构优化升级

在经济增长的结构主义者看来，经济增长的过程就是产业结构不断优化的过程，而金融在促进产业优化升级方面发挥着不可替代的作用。金融的发展对产业结构的影响主要表现在以下两个方面：

（1）金融业的发展直接体现为金融业规模的扩大，这不仅表现为国民总产值的增加，同样表现为服务业的快速增长、比重增大、产业结构得到优化升级。可见，金融发展本身就是经济发展的一部分，金融与实体经济发展之间互为因果、相互作用、相互促进。金融产业本身就是实体经济中的重要组成部分。从这一角度而言，发展金融产业本身是发展经济的一部分。

（2）经济发展程度越高，对金融发展的需求也就越大，金融对经济发展作用的广度与深度也将不断增加。随着经济的不断发展，金融产业占 GDP 的比重也会呈现出逐渐提高的趋势。

（四）金融对区域经济发展有促进作用

金融产业的发展在推动经济增长上存在两种模式：即市场主导型金融模式和政府主导型金融模式。所谓市场主导型金融模式强调市场在融资方式上发挥决定性作用，具体表现为银行和证券市场在融资上的主导作用。就市场主导型金融模式而言，它是以商业化的金融机构和金融市场为依托的。所谓政府主导型金融模式是指政府在融资方式上发挥引导性作用，主要表现为：在金融体系不健全、金融市场不发达的情况下，通过政策引导，实现对金融资源的有序与高效配置。政府主导型金融模式又分为政策引导型和直接投资型。前者强调政策的引导体现在通过实施一定的财政税收政策和金融政策，实现投资与产业政策的相互协调，达到资金融通的目的。而后者则强调在投融资中政府的主体作用。若干关系经济发展的重点产业、新兴产业，其影响面大，作用久远。但这些行业往往资金需求量大、投资回收期长、风险高，故在政策性金融方面政府也往往直接参与资金的配置，也称为直接投资型政策性金融。为此，可由政府出面建立一些带有官方色彩的政策性金融机构，向私人（民间）金融机构不愿或无力提供资金以及资金供给不足的重点、新兴部门进行投资和贷款。在此必须强调的是：这些金融机构必须按市场化规范而不是按行政方式进行管理而运作，否则会造成资源浪费和利用效率低下。

第五节 金融发展与城镇化的相互关系

城镇化是由许多子系统组合而成的系统工程，其动力机制是产业结构的转化，而生产要素流动与集聚是城镇化的实现机制，制度安排与变迁是城镇化的推进机制。由于金融的快速发展已成为现代经济的核心，这决定了在城镇化机制转换和实现过程中必然需要金融服务的支持。快速的城镇化从供给和需求两个方面带来金融服务的范围在宽度和深度的加大，而金融的发展不仅是城镇化进程中的一个重要组成部分，在很大程度上也反过来影响城镇化的进程和去向。

一、城镇化对金融发展的促进作用

人口、资本、技术等生产要素在空间上的聚集是城镇化的发展的主要特征之一，这些要素的聚集使城镇成为经济活动的主要载体，通过增长极效应带动整个区域经济的发展，实现生产要素在更大程度上的聚集。城镇具有产业结构优化和规模经济效益的双重优势，这为金融业发展创造了良好的外部环境。各类生产要素的集中和公共服务与管理水平的提高，为金融机构扁平化管理和集约化经营提供了可行性条件。在循环往复的聚集过程中，城镇汇集了先进的技术与管理等要素，提高了城镇的生产效率，这是市场经济自然选择的结果。这一过程中吸引机制与选择排斥机制始终发挥作用，这是其能产生聚集经济效益的原因，而这一聚集效应使城镇的生产和其他行动产生了乘数效应，使城镇的生产力得到极大的提高。城镇丰富的人力资源和畅通的信息传递，也为金融机构提高核心竞争力以及开展金融创新打下了良好的基础，城镇化为金融改革与发展提供了坚实的经济基础和必要的制度保障。

二、金融发展对城镇化的推动作用

(一) 金融发展推进城镇化的途径与方式

金融推进经济发展的贡献与作用主要体现在金融功能的发挥上。因此，梳理金融发展对经济增长的影响，首先要分析金融体系的功能。目前，世界各国的金融体系主要有两类，一类是主要以德国、法国和日本为代表的银行主导型的金融体系；另一类是主要以美国和英国为代表的市场主导型金融体系。虽然各国金融体系不尽相同，但它们却具有相同的功能。根据 Robert · C. Merton 关于金融体系功能观的论述，金融体系主要有风险管理、资源配置、提供流动性、提供信息和解决激励等几大功能①。金融体系通过其功能的发挥，提升将储蓄转化为投资的效率，加速生产要素向城镇聚集和产业结构的调整优化，进一步提高非农产业收入，持续推进城镇化进程。而经济增长、产业结构的调整和生产要素的聚集与集中，又为金融发展水平的提高创造了良好的外部环境。

（二）持续的城镇化需要高储蓄率与高转化率

城镇化理论根据城镇化率的高低将其分为初始、加速和成熟三个不同的阶段。在城镇化发展初期和加速两个阶段，城镇化率低于50％，城镇建设需要大规模的资金支持，这一阶段高储蓄率和较高的储蓄向投资转化无疑是城镇快速发展的关键，因此持续的城镇化水平的提高需要较高的储蓄率与转换率来支持。由于历史与文化的原因，我国储蓄率一直处于较高的水平，因此如何加快储蓄向投资的转化成为推进城镇化的关键所在。按照麦金农的金融深化理论，发展中国家的投资主要依靠内源性融资，需要用储蓄存款的形式完成资金积累，通过内部资金积累来准备筹集资金。而我国欠发达地区的金融发展，在很大程度上表现为数量型的金融增长，主要是依靠银行，尤其是国有商业银行体系金融资产单方面的扩张。因此，以储蓄率的提高及储蓄向投资的转化率来支持城镇建设显得尤为重要。在对兵团城镇化的实际调查中，也得出了类似的结论。

（三）金融在城镇化进程中发挥着重要的"造血"、"输血"功能和宏观调控作用

---

① Robert C. Merton S. The Financial System and Economic Performance [J]. Journal of Financial Services Research, 1990, 4 (4): 263 – 300.

城镇化发展过程中无法离开金融的支持，尤其是所必需的生产要素——土地、资金和劳动力的集中和集聚过程，需要金融机构提供大量信贷资金来征用、贮存、拍卖和流动土地，而土地又是城镇化建设所依赖的最根本的、最重要的空间基础。改善城镇化建设劳动者和居民的生活质量，即劳动力的非农化转移、实现城镇的充分就业以及劳动者的生活质量，同样需要金融机构的信贷支持。城镇道路、水电、通信等基础设施建设和重要商品的流转，也离不开金融机构的支持。产业结构调整和高新技术发展，没有信贷资金支撑也是难以想象的，而信贷资金也来源于金融机构。所以，城镇化离开了金融支持将寸步难行。

三、金融发展与城镇化的综合分析

（一）应该从城镇化发展的不同阶段来分析城镇化与金融发展的关系

从传统城镇化与金融发展的互动机制看，两者的互动发展表现出一定的阶段性，即不同的阶段具有不同的作用机制。这个阶段性可以分为三种情况，即起步期、成长期和成熟期。

起步期。起步期是初始阶段，这一阶段的主要特征是以城镇化的发展为核心，工业化推动城镇化，城镇化的发展进一步促进金融发展。这一时期，工业占据经济的主导地位，金融作为服务业围绕着工业运转，为工业发展提供金融服务，此时城镇的功能是为工业化所需的资金、劳动力提供聚集场所，并提供相应的交通、通信，金融的发展以城镇的发展为前提。

成长期。第二个阶段为成长期，这一阶段金融的发展对城镇发展的反作用越来越强，尤其是近些年来特大城市的出现，金融服务经济的功能逐渐深化，从而促使分工进一步细化，使企业之间的空间距离缩小，交易成本降低，企业的生产效率提高。金融服务业的分工细化主要表现为吸引资金和劳动力进城，从而提高对企业的生产服务和对人民的生活质量服务水平。

成熟期。随着社会资金和劳动力不断进入城镇，城镇规模也在不断地扩大，而金融服务存在规模效应，这种规模效应是递减的，最终使得金融规模和城镇规模达到最优匹配状态，从而进入了城镇化与金融发展的成熟期。

（二）应该从不同地区的实际情况出发而对金融发展与城镇化发展进行分析

由于我国经济发展水平不同，各地金融与城镇化发展也处在不同的阶段。从全国角度看，欠发达地区的城镇化水平仍然处在较低的或早期的起步阶段，同时也表现出与其他发达地区城镇化发展与金融发展的不同的特征，并且各地也表现出了不同的发展模式。金融不仅支持工业发展以带动城镇化的发展，而且也支持农民从事非农产业，促进农民增收；调整农业产业结构，集中土地使用，减少农业人口，使非农人口向城镇集聚，从而提高和推动城镇化进程。关于金融发展与城镇化发展关系的论述，无论是理论层面还是实证层面，对其进行分析研究的相关文献已非常丰富，这其中也包括对各地区经济发展与金融发展关系的实证分析。

通过上述分析，可以看出城镇化是一个由诸多子系统组合而构成的系统性工程，其发展动力是经济产业结构的调整与转化。城镇化的实现需要生产要素的不断集聚和流动，而起着助推作用的是制度安排与变迁。由于金融是现代经济的核心，城镇化发展只有得到金融体系的支持，才能加快其发展进程，推动城乡一体化发展。金融发展与城镇化发展之间存在着一种互动机制，这种互动机制主要体现在：金融发展提高了储蓄率，积累了更多的资金；通过金融系统使得储蓄转化为投资，由此提高了资本配置效率，带动了当地经济的发展，不断推进城镇化发展；城镇化的发展进步，使得生产要素在小城镇集聚，金融市场规模扩大，为金融机构创造了更大的利润空间，促使金融部门不断改革，创新金融产品，由此带动金融体系的进一步发展。从金融发展推进城镇化发展的途径和方式来看，金融体系最基本的功能就是中介的作用，吸收社会的闲散资金，再由金融体系发放给资金需求者，也就是金融体系可以促进储蓄有效率地转化为投资，实现金融资源的合理配置；另外它还有发现价格、风险管理、提供信息和激励、流动性供给等功能。金融体系通过这些功能促进农村经济的发展和城镇化发展。金融中介发展对城镇化的推动作用，主要体现在为各类生产要素的空间聚集提供金融支持，促进其有效集聚、降低该过程的交易成本、扩大聚集的经济效应，同时为产业结构转换和经济增长提供金融支持，由此推动城镇化发展进程。

城镇是人们生活、交往和发生经济关系的中心，城镇化发展过程中不断聚集人口、资本等生产要素到城镇，同时优化了城镇的产业结构，促进城镇经济的发展，使得城镇具有规模经济的效果。这些因素使得金融业有了更大的利润空间，促使金融业改革创新，提高金融市场的效率，为城镇化进一步发展提供支持条件。城镇化使得农业人口向非农人口转移，城镇人口的增加使得对金融服务的需求增多，这为金融业创造了更多的业务需求。城镇化发展使得各种信息更加通畅，为金融机构展开公平竞争提供了条件。总而言之，城镇化的发展为金融的发展提供了良好的经济基础。

第二章 兵团城镇化发展状况与 综合评价

　　城镇化（Urbanization）是指农村人口持续向城镇转移，产业不断向城镇聚集，产业结构非农化、城镇数量增加、城镇规模不断扩大的一种自然、社会、历史过程。新型城镇化在解决农村剩余劳动力转移、扩大内需、推动国民经济可持续发展等方面发挥着不可替代的作用，是我国现阶段转变经济发展方式的重要途径之一。兵团是新疆经济建设、社会稳定、民族团结、边防巩固的重要力量。兵团城镇化是新疆城镇化的重要组成部分，新的历史条件下加快推进兵团城镇化建设，对于促进兵团经济发展、维护新疆社会稳定、履行"屯垦戍边"的历史使命具有重要的现实意义。兵团 14 个师的 175 个团场多分布于边境沿线和沙漠边缘，现阶段已形成一定规模、不同层级的城镇体系。但由于兵团城镇彼此独立，难以形成合理的城镇网络体系，对兵团整体经济的带动作用有限，对区域经济发展的支撑能力较弱。对兵团各师城镇化建设的科学、合理评价是研究其城镇化进程中资金需求的基础，因此，本章将对兵团城镇化发展进行纵向和横向的比较与评价。

第一节　兵团城镇化发展概况

自 1954 年兵团成立以来，为加快新疆发展、维护新疆稳定，兵团开展了大规模的生产建设。截至 2012 年已拥有 14 个师（垦区），175 个农牧团场，5339 个工业、建筑、运输、商业企业，有健全的科研、教育、文化、卫生、体育、金融、保险等社会事业和司法机构，总人口 264.86 万人，在岗职工 68.79 万人。2012 年，兵团人口城镇化率达到 55%，已初步形成石河子市、阿拉尔市、图木舒克市、五家渠市、北屯市和铁门关市 6 个设市城市，第七师天北新区、第四师伊丽新区、第五师博东新区、第十三师大营房区等多个兵地共建城区，石河子市北泉镇、五家渠市梧桐镇、蔡家湖镇 3 个建制镇，以及以较大中心团场团部为基础建设了 69 个非建制小城镇的城镇结构体系。

一、兵团城镇化发展历程

1954 年 10 月，驻疆解放军 17.5 万人就地集体转业，组建新疆军区生产建设兵团。按照"不与民争利"的原则，在东自哈密盆地、西到伊犁河谷、南起帕米尔高原、北至阿尔泰山脉的疆土上，在塔克拉玛干、古尔班通古特两大沙漠边缘，在长达 2019 公里的边境线上，兴修水利，垦荒造田，植树造林，建起了大批农牧团场与城镇。60 多年来，兵团城镇"从无到有"、"由少增多"，城镇功能不断增强，现已逐步形成了"建制市—共建城区—建制镇—团场小城镇"的城镇规模体系。城镇化水平也由 1955 年的 8% 增长到 2012 年的 55%，高于新疆城镇化水平和全国城镇化平均水平（见图 2 - 1）。改革开放以来，兵团经济社会快速发展，2012 年生产总值 1197.21 亿元，比 2011 年增长 18.4%，三次产业占生产总值比重调整为 32：40：28，人均生产总值达 45501 元，比 2011 年增长 17.1%，高于全国平均水平。随着经济的持续快速发展，兵团产业结构进一步调整优化，为推进城镇化建设奠定了良好的基础。兵团的城镇化发展进程概括起来大致可以分为以下六个阶段：

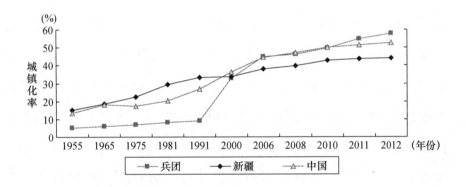

图 2 - 1 1955～2012 年兵团、新疆、中国城镇化水平比较

（一）兵团城镇奠基创业时期（1954～1966 年）

兵团成立初期，下辖 10 个农业师，1 个建筑工程师。军垦农场逐渐变成农垦职工管理的国营农场，自给性生产变成了纳入国家经济计划的企业化生产。这一时期，经济得到了快速发展，尤其是交通、运输、能源、水利、原材料等基础产业发展迅速，产业结构进一步优化。1954～1957 年，兵团国内生产总值从 1.18 亿元增加至 2.33 亿元，其中农业总产值从 3153 万元增加至 8233 万元，工业总产值从 5703 万元增加至 1.46 亿元。伴随着经济的快速发展，城镇建设初具雏形，逐步

形成了比较集中的农牧团场群。这些团场大多集中连片，远离地方县市，自发形成了兵团城镇体系的雏形。以这些农牧团场群为依托，出现了一批军垦新城，如石河子市、奎屯市、北屯市、五家渠市等。但从总体上来看，这一时期处于城镇发展的奠基时期，城镇功能主要体现在政治中心和物资流转中心。同时，由于计划经济和农业产业为主导的产业结构的制约，城镇发展的起点低、基础设施落后，众多的人口聚居区呈现出农村群落的经济社会形态和特点①。

（二）兵团城镇缓慢发展时期（1967～1981 年）

1967～1975 年，受"文化大革命"影响，兵团经济发展速度缓慢，甚至一度濒临崩溃，导致城镇化建设进入缓慢发展时期。这一时期，兵团人口和职工大量增加，生产连年下降，财务连年亏损。亏损额一度高达 6.75 亿元，兵团从全国盈利大户变成亏损大户，再加上其他一些原因，导致 1975 年 3 月 25 日，兵团体制被撤销。这两次挫折使兵团经济元气大伤，导致兵团由原先的自给型经济变成半自给型经济。受经济实力的制约，城镇建设基础设施投资较少，除少数城镇受传统的社会主义经济理论的影响，实现了少数企业的集中整合和少数产业间的集中布局外，城镇发展的产业聚集作用不明显②。由于经济发展缓慢和兵团解体的影响，引起人心混乱，场社关系紧张，生产下降，亏损更加严重，团场小城镇基础设施遭到一定程度的破坏。

（三）兵团城镇复苏发展时期（1982～1991 年）

这一时期，由于兵团体制恢复和改革开放的逐步深入，兵团经济进入复苏时期。1981 年 12 月 3 日，中共中央、国务院、中央军委做出

---

① 李雪艳，乔永新. 兵团农牧团场小城镇发展现状分析 [J]. 新疆农垦经济，2001 (5)：49－50.
② 蔡功文. 新疆生产建设兵团城镇发展模式研究 [D]. 西北大学博士学位论文，2012.

了恢复新疆生产建设兵团的决定。兵团恢复后，高举邓小平理论伟大旗帜，认真贯彻执行中共十一届三中全会以来的路线、方针、政策，坚持四项基本原则，坚持改革开放，以经济建设为中心，大力发展生产力，出现一批全民所有制独立核算企业，个体、私营经济也有了一定程度的发展，逐步形成了以国有经济为主体，多种经济共同发展的格局。与经济体制转变相适应，产业结构有所调整，由第一产业为主体，向以第一产业为基础，第二产业为主导，第三产业为纽带，第一、二、三产业协调发展转变，形成了以农业为主体，工、商、贸一体化发展的经济格局，使得城镇化建设有所改善。1985 年 6 月，石河子正式建市，成为首个实施"师市合一"的县级市，为兵团城镇化创造了新的发展模式和机遇。

（四）兵团城镇加速发展时期（1992~2000 年）

这一时期，国务院批准兵团为计划单列单位，其经济社会发展直接纳入国务院有关部门的计划。同时，兵团组建的中国新建集团公司，享受国家大型企业集团试点的各项政策。这大大提高了兵团在全国的地位，为经济发展创造了良好的政策环境。在良好的发展环境下，兵团经济实力不断提高，产业结构进一步优化，1990~2000 年，GDP 由46 亿元提高到 176 亿元，三次产业结构由 45.8∶32.1∶22.1 调整为40.6∶27.5∶31.9。伴随着经济的持续发展，城镇化建设加速推进，这一时期虽未设立新的建制市，但奎屯市、五家渠市、北屯市、阿拉尔市的城市基础设施得到很大改善，有的城市被列为国家县级市。这一时期，城镇化的一个重要成果是 1999 年石河子市北泉镇正式建镇。北泉镇成为全国 38 个小城镇建设试点单位之一，是兵团唯一的建制镇。这一建制镇的挂牌带动了后来更多建制镇的成立。同时，随着团场经济的发展，各团场的城镇基础设施建设投资进一步加大。随着市场经济的发展，各团部所在地的社会服务功能进一步强化，城镇发展对人口的吸引力加大，镇区规模均有一定程度的扩大，个别团场出现了一定的产业聚集功能。

（五）兵团城镇全面推进时期（2001～2010 年）

随着西部大开发的实施，国家不断推出促进兵团城镇化建设的特殊政策。2004 年 1 月，五家渠市、阿拉尔市、图木舒克市正式建市，按照"师市合一"模式管理；38 个重点小城镇建设和"金边工程"建设列入兵团重点实施的"四大工程"。"十五"期间，共计完成城市（区）基础设施、38 个重点小城镇基础设施、边境团场连部道路等基础设施建设项目 200 余项，总投资 31.58 亿元。同时为"四城两区"和 175 个团场小城镇建造各类住宅、公共建筑、生产性建筑面积达 1631 万平方米，完成总投资 142.34 亿元，城镇供水能力达 6633 万吨，自来水普及率达 92%；人均公共绿地面积达 6.2 平方米，绿化覆盖率石河子市达 40%，其他城市达 32%；集中供热普及率石河子达 65%，其他城市达 50% 以上[①]。这一时期，兵团设市城市数量大幅增长，城市和小城镇基础设施水平逐步提高，人口、产业的聚集承载能力不断完善，城镇化建设取得一定的成果。

（六）兵团城镇化跨越式发展时期（2010 年至今）

2010 年中央新疆工作会议，提出了支持新疆跨越式发展和长治久安的纲领性政策，强调对新疆维吾尔自治区（以下简称自治区）的支持政策兵团同样适用，城镇化建设方面指出，鼓励兵团在战略地位重要、经济基础较好、发展潜力较大的垦区中心城镇，加快产业发展和人口聚集，适时新建 3～5 个城市。兵团"十二五"规划提出，兵团将

---

① 李江成. 新疆生产建设兵团城镇化发展研究［D］. 石河子大学博士学位论文，2010.

按"师建城市、团场建镇"的思路进一步加快城镇化建设。在2012年1月的兵团党委扩大会上，兵团政委车俊表示要由过去倡导的"屯垦戍边"转变成"建城戍边"。车俊表示，"要坚持师建城市、团场建镇、整体规划、分步实施，以城镇化为载体，新型工业化为支撑，农业现代化为基础，构建新疆兵团特色发展格局"。在上述利好政策的支持下，2011年12月，第十师北屯正式建市，2012年12月，第二师铁门关正式建市，2014年2月，第五师双河市正式成立，这是继第八师石河子市的又一些实施"师市合一"体制的建制市。2012年12月，第六师五家渠市梧桐镇和蔡家湖镇设立挂牌，按照"场镇合一"模式管理，实行"一套班子、两块牌子"的管理模式，是"师市合一"管理体制的延伸。截至2012年，兵团城镇化率达到60.4%，初步形成了以与新疆城镇体系相适应、具有兵团特色的城镇化体系。

二、兵团城镇化建设现状

城镇化的表现是人口向城镇集中的过程，但人口向城镇迁移的过程也包含了其生产、生活的城镇化过程，所以，城镇化包括人口、空间、经济、社会等多方面转换的过程，本书将分别从上述多方面分析兵团城镇化建设的现状。

（一）兵团人口城镇化水平

人口城镇化是描述城镇化水平的重要指标，它用城镇人口占总人口的比重表示。由于统计方便被很多学者接受并使用，但也有学者使用非农业人口占总人口的比重表示城镇化率。对兵团而言，由于其统计人口过程中没有区分城镇人口和农村人口，所以计算兵团人口城镇化水平的数据获取较为困难。2012年，兵团总人口264.86万人，据兵团统计局测算其城镇人口达到153万人，城镇化水平达到57.77%，高于自治区 44% 和全国 52.57% 的平均水平；非农业人口为 145.61 万人，占总人口的比重为 54.98%。在分析兵团各师城镇化水平时，由于难以获取各师城镇人口的具体数据，本书利用非农业人口占总人口的比重表示城镇化率，各师城镇化水平如表 2-1 所示。从各师的情况来看，兵团各师中城镇化水平较高的师主要分布在北疆和腹心师，如第六师、第七师、第八师等；城镇化水平较低的师主要分布在南疆和边境师，如第三师、第四师、第五师、第十四师等，不同师之间城镇化水平相差较大。

表 2-1　2011 年兵团各师农业人口与非农业人口构成

	总人口（人）	农业人口（人）	非农业人口（人）	非农业人口比重（%）
总计	2648636	1192468	1456168	54.98
第一师	298113	133118	164995	55.35
第二师	190194	76980	113214	59.53
第三师	214914	148037	66877	31.12
第四师	228463	107624	120839	52.89
第五师	116515	61391	55124	47.31
第六师	331775	151231	180544	54.42
第七师	227262	99168	128094	56.36
第八师	571070	234748	336322	58.89
第九师	72598	30042	42556	58.62
第十师	83280	25368	57912	69.54
建工师	57673	92	57581	99.84
第十二师	77375	32645	44730	57.81
第十三师	88112	48230	39882	45.26
第十四师	41508	33705	7803	18.80
国资公司	14135	—	14135	100
供销公司	1974	—	1974	100
兵团直属	33675	10089	23586	70.04

资料来源：2013 年《新疆生产建设兵团统计年鉴》。

（二）兵团城镇规模体系

兵团团场建立初期，无论是边境团场还是腹心团场，团部的建立都遵循守备边防、加强民族团结、利民而不与民争利的原则，大多数选择在水土条件较差、较偏远地带，团部自然成为相对独立的政治、经济、文化中心，成为非农业人口的集中地，大部分已初具小城镇规模；师部大多设立在新疆已有的建制市内，形成了多个兵地共建的城区，成为兵团城镇体系的重要组成部分。随着屯垦戍边的推进，兵团城镇建设不断完善，尤其是 2010 年以后，兵团按照"师建城市、团场建镇、整体规划、分步实施、成熟一个建设一个"的城镇化思路发展。2013 年，新疆兵团已建起 6 个"师市合一"管理模式的县级市，5 个"团（场）镇合一"管理模式的建制镇。初步形成了以城市、垦区中心城镇、一般团场城镇、中心连队居住区为架构，与新疆城镇体系相适应，具有兵团特色的城镇化体系（见表 2 - 2）。在兵团自行建设管理的城镇中，石河子市属于中等城市，2012 年人口为 35.03 万人，阿拉尔市（17.28 万人）、图木舒克市（16.28 万人）、五家渠市（11.84 万人）；北屯市和铁门关市人口较少，属于人口低于 10 万的小城市。在 175 个农牧团场小城镇中，城镇人口（团部人口）最多的是六师芳草湖农场，人口数为 37950 人，人口在 1 万 ~ 5 万的有 25 个，大部分团场小城镇城镇人口在 0.5 万 ~ 1 万，根据兵团统计年鉴 2013 统计的143 个团场小城镇团部人口平均为 6709 人。

表 2 - 2 兵团城镇规模体系（2012 年）

城镇人口数	城镇数量	城镇名称
30 万人以上	1	第八师石河子市
10 万 ~ 30 万人	3	第一师阿拉尔市、第三师图木舒克市、第六师五家渠市
5 万 ~ 10 万人	2	第二师铁门关市、第十师北屯市

续表

城镇人口数	城镇数量	城镇名称
1万~5万人	25	芳草湖农场、石河子总场、新湖农场、一四二团、一四八团、五十一团、八十三团、一〇四团、一〇二团、一四三团、一二一团、一二三团、一团、一二四团等
0.5万~1万人	56	五团、火箭农场、十三团、红旗农场、五十三团、二十九团、五十团、八十六团、六十四团、一二六团等
0.2万~0.5万人	45	二十四团、七十三团、六十三团、一六六团、十四团、六十七团、一八三团、三十一团、七十团、十一团等
0.1万~0.2万人	11	二十五团、一七〇团、一八二团、七十四团、七十五团、四十七团、二二四团、四十六团、淖毛湖农场等
0.1万人以下	6	北塔山牧场、一牧场、东风农场、叶城二牧场、托云牧场、一〇一团

资料来源：2013 年《新疆生产建设兵团统计年鉴》。

（三）经济发展水平

经济发展是推动城镇化进程的核心动力，产业结构和工业化率是决定城镇化水平的关键因素。整体来说，我国受户籍制度的制约，城镇化水平滞后于工业化水平。但兵团的情况刚好相反，城镇化水平高于工业化水平，这也说明兵团城镇化缺乏经济基础和产业支撑。具体来看，2012 年兵团国内生产总值 1197.21 亿元，其中：第一产业产值为 388.37 亿元，所占比重为 32.4%，远高于全国平均水平；第二产业产值为 475.16 亿元，所占比重为 39.7%；第三产业产值为 333.68 亿元，所占比重为 27.4%；可见兵团产业结构不合理，产业对兵团城镇化的支撑作用较弱。具体到各师，工业化率普遍偏低，最高的第十二师工业化率为 43.7%，最低的仅为 10% 左右，平均工业化率为

27.37%。工业发展的滞后，导致难以在城镇化进程中吸纳更多的劳动力，导致城镇化质量不高（见表2-3）。非农产业发展需要以城镇为基础，同时也为城镇的发展提供产业支撑，"产城互动，良性发展"是推进新型城镇化健康发展的主流模式。但从兵团各师非农产业所占比重来看，非农产业的发展不足，第一产业所占比重份额较大，在13个农业师中，有6个师第一产业产值比重占总产值的40%以上，这种以农为主的产业结构难以在城镇化进程中提供强大的经济基础。可见，兵团整体经济发展水平不高，产业结构有待进一步完善。

表2-3　2012年兵团各师生产总值构成

单位：亿元，%

各师	GDP	第一产业	第二产业	第三产业	工业	工业化率	非农产业比重
总计	1197.21	388.37	475.16	333.68	327.70	27.37	67.56
第一师	161.39	88.55	41.40	31.43	26.50	16.42	45.13
第二师	76.04	31.21	26.99	17.85	18.59	24.44	58.96
第三师	59.03	30.32	11.93	16.78	6.23	10.55	48.64
第四师	87.12	27.91	41.57	17.65	34.62	39.74	67.97
第五师	41.72	18.34	11.93	11.46	7.27	17.43	56.05
第六师	156.51	42.94	72.37	41.20	56.86	36.33	72.57
第七师	94.62	35.57	36.15	22.90	20.17	21.31	62.41
第八师	276.12	71.00	116.58	88.54	96.06	34.79	74.29
第九师	20.28	8.40	5.82	6.06	2.91	14.36	58.59
第十师	29.19	8.77	13.72	6.70	10.55	36.15	69.95
建工师	43.28	0.03	39.02	4.22	3.20	7.38	99.92
第十二师	50.31	5.94	28.61	15.77	21.98	43.70	88.20
第十三师	40.00	11.42	20.38	8.21	16.03	40.08	71.47
第十四师	10.41	5.68	2.83	1.89	1.55	14.89	45.40

续表

各师	GDP	第一产业	第二产业	第三产业	工业	工业化率	非农产业比重
国资公司	11.64	0.88	4.45	6.32	4.22	36.24	92.47
供销公司	1.18	0.00	0.00	1.18	0.00	0.00	100.00
兵团直属	38.37	1.43	1.41	35.53	0.97	2.53	96.27

资料来源：2013 年《新疆生产建设兵团统计年鉴》。

（四）兵团城镇人口的地域分布

兵团团场遍布自治区 13 个地州市，在全疆 80 多个县市中有 69 个分布着兵团单位，形成了兵团与地方在地域上既犬牙交错又相对独立的格局。师部和团场之间跨度大、彼此独立，其中有 58 个农牧团场驻守在 2019 公里边境线上，并且各团场小城镇具有自己相对独立的城镇基础设施体系，布局十分分散。兵团农牧团场除少数分布于天山、阿尔泰山、昆仑山山区外，绝大多数农牧团场分布于两大盆地边缘的绿洲地带及沙漠边缘。兵团下属 1 个建筑工程师，13 个农业师，175 个农牧团场。经过多年的艰苦创业和建设，兵团的城镇建设已初具规模，目前拥有 175 个农牧团场小城镇以及 38 个重点小城镇。其中，南疆分布着第一师阿拉尔市、第二师铁门关市、第三师图木舒克市 3 个建制市，北疆分布着第六师五家渠市、第八师石河子市、第十师北屯市 3 个建制市及北泉镇、梧桐镇、蔡家湖 3 个建制镇，如表 2 - 4 所示。

表 2 - 4　兵团团场地域分布表

区域	全兵团	中部区	北疆西部区	东疆区	南疆区
小城镇（个数）	175	54	55	11	55

资料来源：2013 年《新疆生产建设兵团统计年鉴》。

第二节　兵团城镇化进程中的制度安排状况

一、"师市合一"制度安排

（一）"师市合一"体制

在兵团的管理体制中，主要有兵团、师、团（农场）三级，兵团司令部在乌鲁木齐市，除第八师在兵团城市石河子市外，其余各师的师部均在所在地城市，形成了与所在地城市共建城区的局面。这致使兵团在发展中长期面临一个困境，即在土地审批、税收、财政等方面缺乏自主权，这种现象被兵团人称为"四不像"体制："是军队，没军费；是农民，入工会；是政府，要纳税；是企业，办社会。"由于兵团自身各级政府没有完整的行政、财政地位，导致兵团各师要向所在地的地方政府纳税。这种现状严重挫伤了师（团）发展的积极性，制约着兵团经济社会的发展。为打破这种体制的束缚，在新疆屯垦戍边的多年实践中，兵团实施了"师市合一"体制，极大促进了兵团城镇化建设。以第八师石河子为例，具体治理模式为：石河子市作为自治区县级直辖市，由兵团第八师建设管理，采用"一个机构、两块牌子"的办法，石河子市委、市政府和第八师机关合署办公，依照国家和自治区的法律法规，接受自治区和兵团的双重领导，分别在石河子市域内和第八师行使管辖权①。

---

① 蔡功文. 新疆生产建设兵团城镇发展模式研究［D］. 西北大学博士学位论文，2012.

"师市合一"体制在组织结构上，实行一个党委领导班子，领导班子分设各职能部门，实行"一个机构、两块牌子"的体制。这种制度安排使兵团逐步开始实现从"屯垦戍边"向"建城戍边"转变，丰富了屯垦内涵，转变了屯垦方式，推动形成以城镇化为载体、新型工业化为支撑、农业现代化为基础的发展格局。在兵团"屯垦戍边"的实践中，根据经济和社会发展的需要，又设立了第一师阿拉尔市、第二师铁门关市、第三师图木舒克市、第六师五家渠市、第十师北屯市5个"师市合一"的县级市，极大地促进了当地的经济发展和城镇化建设。

　　（二）"师市合一"体制的优势与不足

　　"师市合一"的管理体制从本质上赋予兵团地方组织机构更多的财权、事权、管理经济社会的权力，彻底改变了过去那种既要向地方政府纳税，又要办好自己行政区划范围内社会各项事业的财权事权不统一的局面，有效地促进了城市经济、社会快速发展。"师市合一"体制有利于招商引资的开展，由"屯垦戍边"向"建城戍边"转变，由"农业经济"向"工商经济"转变，使各师市从纳税"企业"转变为收税"企业"，使得各师市能够用全部税收去搞基础建设和城镇化建设。基础设施和城镇化建设的进步使得师市能够更方便地招商引资，继而带动了基础设施完善和城镇化建设的发展，是一种相互促进的关系。

　　"师市合一"体制有利于完善优化机构设置，减少行政层次，提高行政效率。实施前，师、市两地办公，市政府部门在工作程序上要经上百公里由市到师请示汇报，如此往复便会影响办事效率，实行一套领导班子后，无形中减少了过多的行政层次，冗员裁减了，使得办事效率得以提高，政府也有富余的资金去搞基础建设，进一步带动兵团城镇化建设。"师市合一"体制有利于带动政府官员的积极性,使师在市域范围内取得完备的政权职能,将政府职能由市域延伸到师域,弥补兵团体制中"政"的职能不完备的缺陷,获得行政执法的主体资格。"师市合一"的实施,使税收全部用于当地的建设,无形中带动了政府官员的积极性,使他们能够更好地为当地的基础设施和城镇化建设尽自己更大的努力。

同时我们也应看到,由于新设市城市规模小、城镇服务功能弱,有些"师市合一"的行政机构,尤其是主要领导还在以前师部所在地办公,这对设市城市的发展造成不利影响。更深一层,由于我国在设立县级市时实行"切块设市"的模式,致使兵团"师市合一"形成所谓的"师市分设"问题,即建制市"市辖区域"与所在师的"师辖区域不一致",导致兵团在市辖区域拥有完整的政府权力,而非市辖区域的师辖区域政府功能不完整,经济主体在发展过程中缺乏激励、形成掣肘;导致兵团城市"师市合一"的特殊体制优势难以充分发挥。在兵团推进"一师一市"城镇化发展的过程中,拟建的几个城市都将存在"师市分设"的问题,如何通过制度创新解决这种模式对兵团城市与经济发展的制约,已成为提高兵团城镇化发展质量关键所在。

二、"兵地共建城区"制度安排

(一)"兵地共建城区"体制的创立

20 世纪 80 年代中后期,随着我国逐渐由以农业为主的传统农村经济向以非农产业为主的城市经济的过渡,兵团各师也积极谋求经济发展的转型升级。由于兵团各师分布于自治区各地、州、市(以下简称地方),产业转型过程中在土地审批、基础设施建设、税收等方面需要与当地政府沟通合作。出于发展经济的需要,各师加大了与地方在城镇、产业方面的合作，共同推进城区经济社会的发展。与此同时，地方政府也认识到兵团在城镇建设上的重要作用，二者的合作促进了"兵地共建城区"模式的形成。在地方政府的大力支持下，"兵地共建"模式取得了长足发展，各种发展模式竞相涌现，如奎屯市的天北新区、哈密市的大营房区、伊犁市的伊丽新区。虽然存在多个兵地共建城区，但真正通过条例立法的只有天北新区一个，其他共建城区在体制建设方面还很滞后，因此本书主要以天北新区为例，介绍它的发展状况。兵团第七师地处天山北坡经济带西端"金三角"区域的重要位置，区位优势十分明显。但随着20世纪70年代中叶兵团建制的撤销和80年代初期兵团建制的恢复，第七师这个奎屯市的拓荒者最终失去了自己的"地盘"，长期处于"驻市单位"的境地。

由于没有直接管辖的区域，没有依托城市发展第二、第三产业的平台，第七师经济结构出现单一化倾向。2002年，第七师一产比重达到70%左右，经济增长处于缓慢态势。2002年春，为了响应国家西部大开发号召，自治区党委提出优先发展天山北坡经济带战略。鉴于乌鲁木齐、昌吉市、石河子市经济社会发展取得的巨大成功，第七师党委敏锐地观察到只有走兵地融合发展道路，才能把"金三角"地区"三地四方"的资源优势转化为发展优势，才能实现区域经济的快速健康和可持续发展。于是兵团与第七师提出构建"天北新区"的构想。经中共伊犁哈萨克族自治州党委和州政府批准，设立了奎屯市天北新区管理委员会，委托农七师全权负责该区的投资、建设、管理以及内部司法、行政事务和社区服务。天北新区的工商、税务工作由奎屯市工商、税务系统进行管理。天北新区税收中地方收入部分实行分成制，按照奎屯市六成、第七师四成进行分配。天北新区实行税收分成的管理办法，有效地促进了城市经济、社会快速发展，加快了第七师的城镇化建设。

（二）天北新区体制的优势与不足

天北新区的管理体制从本质上赋予第七师部分财权、事权和部分管理社会事务管辖权，第七师获得部分税收权，改变了过去辖区内所有税收均需上交地方的局面，增强第七师发展经济的积极性。第七师从以下三方面促进了城镇化建设：第一，天北新区体制的实施有利于搞好基础设施。随着天北新区的成立，缓解了奎屯市在城市建设方面的压力。同时，天北新区税收中地方收入实行分成制，奎屯市分六成，天北新区分四成。这一税收体制改革使当地政府有了资金来源，对于兵团城镇化建设、基础设施建设、维护具有十分重要的作用。第二，天北新区体制的实施有利于激励政府招商引资。税收体制的实施，调动了政府官员招商引资的积极性，而税收的资金运用于当地的基础设施和城镇化建设，这一改善吸引了企业进行投资建设，再次促进当地的经济建设。第三，天北新区体制的实施有利于拉动第一、第二、第三产业的发展。天北新区聚集了众多当地人口，随着外来企业的入驻也拉动了人口的剧增，人口的大量聚集自然带动了第一、第二、第三产业的需求与发展，从而带动了天北新区城镇化的建设。

奎屯市区域经济一体化还缺少实质性的突破，"你、我"界限分明，缺乏统一发展规划，政策支持不到位，影响了新区的持续健康发展。新区介于"经济开发区"和"政府行政区"之间，职能定位含糊。这些问题影响着天北新区经济社会发展。总体来讲，行政区划与加快城镇化发展的要求不相适应。兵团与地方各有其行政区域，分别按照自己的需求编制发展规划，体制上造成了兵地在城镇化发展过程中难以融合，城镇基础设施难以共建共享。兵团虽是国家计划单列单位，但不是一级完整的地方政府，再加上师（团）的"插花"式分布，无法形成完整的区域，没有集中连片的管辖区域，难以形成体系完整的城镇网络。

三、"团（场）镇合一"制度安排

（一）"团（场）镇合一"体制

受制于兵团特殊的管理体制，兵团团场缺失城镇行政管理权限和相应的法律地位，难以正常履行城市化社会管理和公共服务主体的职能，"政府"功能缺位导致兵团管理体制的结构性矛盾突出，难以形成独立的政府职能和完整的国民经济体系；缺乏有效的资源调动能力和城市经营手段，造成团场城镇难以聚能扩大，城镇化动力不足；团场城镇化建设资金主要靠团场自身积累和国家专项资金支持，同时还要承担经济建设、社会管理和公共服务职能，造成团场城镇建设举步维艰①。为解决团场经济发展的体制"瓶颈"，推进团场城镇化建设，1999 年经自治区民政厅批复石河子市人民政府，同意以兵团第八师石河子总场管辖的区域为主体设立北泉镇。北泉镇成为兵团第一个建制镇，形成"场镇合一"管理模式。

"团（场）镇合一"的社会管理体制从本质上赋予兵团团场更多的财权、事权、管理社会事务的权力，彻底改变了过去那种既要向地方政府纳税又要办好自己行政区划范围内社会各项事业但财权事权不统一的局面。未建制团场小城镇，税收上交给地方政府，团场组织机构没有剩余资金去搞基础建设（例如修路），即使国家拨款修建了马路，也没多余的钱去维修；建制小城镇，税收归建制镇所有，政府用

---

① 李彩霞，张军民．兵团"场镇合一"小城镇模式探究——以第八师北泉镇为例 ［J］．石河子大学学报（哲学社会科学版），2013（4）．

税收推进城镇化建设，激发了建制镇政府招商引资的积极性，使得建制镇城镇化建设形成良性循环。"团（场）镇合一"这一制度开创了团场跨越式发展之路。国务院民政部和自治区人民政府相继于2012年8月、2012年9月和2013年2月批准五家渠市梧桐镇、蔡家湖镇和阿拉尔市金银川镇正式成立人民政府。这一体制管理模式的实施，解决了长期困扰兵团团场"党政军企"合一的发展"瓶颈"问题，进而促进了经济、社会各项事业的快速发展。

（二）"团（场）镇合一"体制的优势与不足

由于北泉镇建镇较早，城镇化建设的"团（场）镇合一"实施时间较长，这里主要以北泉镇为例来说明该模式的主要优势与不足。北泉镇建镇之前，财务收入最主要的来源是土地承包费，这些财务收入既要负担团场机关运行费用、离退休职工费用、员工福利费，又要承担社政支出和民兵边防值勤费用，繁重的税费负担和社会负担，造成团场城镇建设资金严重匮乏，基础设施与公共服务设施建设投入不足，无法满足城镇经济发展的需要和职工群众生活水平提高的要求，城镇化发展质量不高。自从北泉镇建镇以来，拥有了税收权，从此摆脱了财政无收入或少收入的状况，城镇与民生建设资金充足，城镇化建设速度加快。北泉镇的财税收入主要部分上缴地方或兵团，部分留镇财政。例如：北泉镇土地管理分局征收的土地出让费，20%上缴市财政，80%留给市镇财政，用于城镇基础设施建设①。同时，完整的镇级政府管理权限，使北泉镇在发展经济方面具有了主动性与积极性，北泉镇工业园对于入驻企业实行"三免五减半"的税收制度，有效地促进了

---

① 温雅. 关于石河子市北泉镇小城镇发展现状的调查研究［J］. 新疆农垦经济，2012（7）：80 - 85.

外资的注入，带动当地经济的发展。2012 年，实现国内生产总值 28 亿元，其中第一产业实现增加值 8 亿元，第二产业 11.6 亿元，第三产业 8.84 亿元，三次产业结构调整为 28.6∶39.9∶31.6，公共财政预算收入 19588 万元。

"团（场）镇合一"模式促进了团场的经济发展与城镇化建设，但由于受兵团体制的影响，该模式也存在一些不足，主要表现在以下三个方面。

第一，财权与事权不匹配。由于兵团不是一级完全意义上的政府，缺乏财政预算管理体制。除财政税收权外，建制镇的事权实际上与团场的区域范围相吻合，镇区面积小，场区面积大，财权小而事权大，在城镇建设和产业布局方面受制约。

第二，自治区和兵团对团场建制镇的管理关系不顺畅。建制镇除财政按照国家和自治区有关规定办理外，其组织人事、经济和社会发展规划与组织实施均由兵团负责；由于兵团自身财力不足和利益分割，基础设施投入严重不足。

第三，镇辖范围以外的团场行政职能仍然缺位。从法律和行政区划角度而言，除建制镇域外，团场其余的范围均属于其他行政区划单位，团场被人为地划分为两个管制区域，束缚了建制镇的辐射带动作用。

四、非建制团场小城镇建设制度安排

兵团 175 个农牧团场，除 5 个建制镇外，其余均为非建制小城镇。非建制镇缺失政府行政管理权限，其行政职能不完整和法律地位不明确，尤其是团场城镇社会管理主体和公共服务主体缺失，事权和财权不匹配，导致公共事业发展与团场非建制镇体制不相适应。非建制团场城镇基础设施建设、城镇管理缺乏应有的公共财政资金支持，造成团场城镇基础设施落后和基本公共服务不到位，严重制约了团场城镇化质量的提升。这些团场场部设立没有政府建制的非建制镇和地名镇的管理体制，其城镇化建设的资金主要来源是农牧团场的经济利润和国家的政策支持。很多团场小城镇修建了道路和群众文化广场，完善了城镇柏油路、自来水、有线电视、信息网络等基础设施，绿化了生态环境。

自改革开放以来，特别是近 10 多年来，兵团党委对小城镇建设予以高度重视，不断调整小城镇建设的思路，加大小城镇建设的投入，使兵团团场小城镇建设进入快速发展时期。国家的各项拨款进行团场小城镇建设，使小城镇能够节省足够的资金用于其他基础设施和城镇化项目建设。同时，团场小城镇能够集聚人口，使当地的需求增加，继而能够带动当地的经济发展，创造更多的资金去发展基础建设和城镇化建设。自治区已经决定，兵团工业企业缴纳的地方税收，以 2005 年缴纳的实际数为基数，超基数部分将由各地财政全额返还兵团。希望通过这种税收返还政策，促进兵团新型工业化建设，力争通过努力使兵团经济结构发生重大变化，城镇化建设取得一定的成效。

第三节　兵团城镇化发展水平综合评价

城镇化是经济社会发展的自然历史过程，是经济系统演进所引致的人类生产、生活方式的空间集聚与分化过程。虽然城镇化过程主要体现为人口向城镇集中、城镇数量增加、规模扩大以及城镇现代化水平提高等方面，但城镇化是多种要素协同作用的结果，包括人口、经济、政治、社会、环境、科技和文化等因素。城镇化水平是衡量一个国家或地区经济社会组织能力和管理水平的重要标志，因此，城镇化发展水平需要从多方面进行综合评价。

一、评价框架的设计

（一）指标的选取与处理

迄今为止，国内学者已从不同的角度、运用不同的方法对城镇化进行了综合评价；如刘勇等从人口、经济、土地、社会四个子系统角度设计城镇化水平的分指标与综合评价指标，利用改进的熵权法，对中原城市群的城镇化水平进行综合的测度和评价[①]。王洋等从人口、经济和社会三方面构建中国县域城镇化水平的综合评价体系，利用熵值法对县级单元的综合城镇化水平及其子系统水平进行评价[②]。魏后凯等在对城镇化质量内涵进行界定的基础上，从城市发展质量、城镇化效率和城乡协调程度三个维度，对 286 个地级及以上城市的城镇化质量进行了评价[③]。安晓亮等从资源与环保、经济发展、社会发展三个层面构建了新型城镇化的二级评价指标体系，综合运用熵权法和多指标综合评价模型，对新疆 15 个地、州、市的新型城镇化水平进行了定量评价[④]。本节将在借鉴上述研究成果的基础上对兵团城镇化发展水平进行综合评价。

城镇化综合发展水平涉及人口、经济、社会、环境四个子系统，

① 刘勇，高建华，丁志伟. 基于改进熵权法的中原城市群城镇化水平综合评价 [J]. 河南大学学报（自科版），2011 (1).
② 王洋，方创琳，王振波. 中国县域城镇化水平的综合评价及类型区划分 [J]. 地理研究，2012 (7).
③ 魏后凯，王业强，苏红键，郭叶波. 中国城镇化质量综合评价报告 [J]. 经济研究参考，2013 (31).
④ 安晓亮，安瓦尔·买买提明. 新疆新型城镇化水平综合评价研究 [J]. 城市规划，2013 (7).

在构建衡量城镇化发展程度的指标时一定要全面兼顾，使所选取的指标体系能够使四个子系统层面更加客观、完整地反映出兵团城镇化的综合发展水平。依据科学性、关联性、实用性、可量化性、可获得性以及典型性等基本原则，借鉴当前国内外学者对城镇化发展研究的相关成果，并结合兵团各师的实际情况我们选择：城镇人口比重 X_1、农业人口比重 X_2、非农产业就业人口比重 X_3 这三个指标衡量兵团人口城镇化综合水平；选择非农产业占国民生产总值比重 X_4、工业化率 X_5、人均国内生产总值 X_6、进出口总额 X_7、在岗职工平均工资 X_8、非农产业固定资产投资比重 X_9、社会消费品零售总额 X_{10} 这七个指标衡量兵团经济城镇化综合水平；选择初中教师平均负担学生数 X_{11}、每千人拥有的卫生技术人员 X_{12}、城镇居民恩格尔系数 X_{13}、公路货物周转量 X_{14}、民用汽车拥有数 X_{15}、基本养老保险参保率 X_{16}、城镇居民人均可支配收入 X_{17} 这七个指标衡量兵团社会城镇化综合水平；选择当年人工造林面积 X_{18}、规模以上企业万元产值能耗 X_{19} 这两个指标衡量兵团环境城镇化综合水平。四个子系统的综合即为城镇化综合发展水平。按照评价模型建立目标层、系统层、指标层所构成的测度兵团城镇化发展水平评价指标体系，如表 2-5 所示。

将表 2-5 中的各个指标进行无量纲化处理，对于正向指标，即指标值越大代表城镇化水平越高。如：非农产业就业人口比重、在岗职工平均工资等指标，正向指标无量纲化计算公式为：

$$y_{ij} = \frac{x_{ij} - m_j}{M_j - m_j}$$

对于逆向指标，即指标值越小表示城镇化质量越高，如城镇居民恩格尔系数、规模以上企业万元产值能耗等指标，逆向指标无量纲化计算公式为：

表 2-5　兵团城镇化综合发展水平指标体系

目标层	系统层	指标	单位	指标属性
兵团城镇化综合发展水平	人口城镇化水平	城镇人口比重 X_1	（%）	正指标
		农业人口比重 X_2	（%）	逆指标
		非农产业就业人口比重 X_3	（%）	正指标
	经济城镇化水平	非农产业占国民生产总值比重 X_4	（%）	正指标
		工业化率 X_5	（%）	正指标
		人均国内生产总值 X_6	（元）	正指标
		进出口总额 X_7	（万美元）	正指标
		在岗职工平均工资 X_8	（元）	正指标
		非农产业固定资产投资比重 X_9	（%）	正指标
		社会消费品零售总额 X_{10}	（万元）	正指标
	社会城镇化水平	初中教师平均负担学生数 X_{11}	（人）	逆指标
		每千人拥有的卫生技术人员 X_{12}	（人）	正指标
		城镇居民恩格尔系数 X_{13}	（%）	逆指标
		公路货物周转量 X_{14}	（万吨公里）	正指标
		民用汽车拥有数 X_{15}	（辆）	正指标
		基本养老保险参保率 X_{16}	（%）	正指标
		城镇居民人均可支配收入 X_{17}	（元）	正指标
	环境城镇化水平	当年人造林面积 X_{18}	（公顷）	正指标
		规模以上企业万元产值能耗 X_{19}	（标准煤）	逆指标

$$y_{ij} = \frac{M_j - x_{ij}}{M_j - m_j}$$

式中，x_{ij} 表示第 i 个样本的第 j 项指标的实际值。$\mathrm{Max}X_{ij} = M_j$，M_j 为第 j 项指标的最大值；$\mathrm{Min}X_{ij} = m_j$ 为第 j 项指标的最小值，y_{ij} 为无量纲化处理后的指标值。

（二）评价方法的选择

本书利用层次分析法对各指标进行合成，它把复杂问题中的各种因素通过划分为相互联系的有序层次，使之条理化，根据对一定客观现实的主观判断结构（主要是两两比较）把专家意见和分析者的客观判断结果直接而有效地结合起来，将一层次元素两两比较的重要性进行定量描述。这种方法的基本思想是根据系统工程对各要素排列的原理，将一个复杂问题划分为多层次结构，使每一层次和下一层次保持一定联系，并在同一层次各要素之间进行简单比较、判断和计算，得出不同要素的重要程度①。通过所有层次之间的总排序计算所有元素的相对权重并进行合成。具体的计算步骤为：

第一步，建立递阶层次结构，确定目标层、准则层和措施层；

第二步，构造判断矩阵并赋值，通过比较每一指标的各子指标相对上一层的重要性，使用数量化的相对重要性 a_{ij} 来描述；

第三步，进行一致性判断。首先计算一致性指标 $C.I.$（Consistency Index）：

$$C.I. = \frac{\lambda_{max} - n}{n - 1}$$

然后查表确定相应的平均随机一致性指标 $C.R.$（Random Index），最后根据公式计算得到的值判断矩阵是否一致：

$$C.R. = \frac{C.I.}{R.I.}$$

当 $C.R. \leqslant 0.10$ 时，认为判断矩阵的一致性是可以接受的，当 $C.R. > 0.10$ 时，认为判断矩阵不符合一致性要求，需要对该判断矩阵进行重新修正。

第四步，确定各动力综合指标。计算出各子指标单排序权重后，用各子指标的标准化值分别乘以各子指标的权重，就可以得到城镇化综合指标的值。

---

① 陈鸿彬，孙涛，侯守礼. 农村城镇化建设及管理研究 [M]. 北京：中国环境科学出版社，2005.

各个指标权重的确定。

将兵团城镇化综合水平的四个系统——人口、经济、社会、环境两两比较得到其判断矩阵如下：

$$\begin{pmatrix} 1 & \dfrac{1}{3} & 1 & 2 \\ 3 & 1 & 4 & 3 \\ 1 & \dfrac{1}{4} & 1 & 1 \\ \dfrac{1}{2} & \dfrac{1}{3} & 1 & 1 \end{pmatrix}$$

利用和积法求出上述矩阵的特征向量，即城镇化的四个子系统所占的权重。

$$W_{城镇化} = (0.196 \quad 0.517 \quad 0.149 \quad 0.138)$$

求出判断矩阵的最大特征根，根据最大特征根计算一致性指标 $C.I. = 0.024$，查找平均随机一致性指标 $R.I.$（4）$= 0.9$，计算出一致性比例 $C.R. = 0.026 \leqslant 0.10$，通过一致性检验，所以城镇化子系统各指标矩阵具有满意的一致性，城镇化权重 $W_{城镇化}$ 是科学可信的。同理，可分别确定人口城镇化各子指标权重为：

$$W_{人口} = (0.211 \quad 0.241 \quad 0.548) \qquad C.R. = 0.016 \leqslant 0.10$$

经济城镇化各子指标权重为：

$$W_{经济} = (0.263 \quad 0.173 \quad 0.102 \quad 0.080 \quad 0.094 \quad 0.191 \quad 0.096)$$

$$C.R. = 0.022 \leqslant 0.10$$

社会城镇化各子指标权重为：

$$W_{社会} = (0.184 \quad 0.167 \quad 0.100 \quad 0.060 \quad 0.106 \quad 0.264 \quad 0.118)$$

$$C.R. = 0.014 \leqslant 0.10$$

环境城镇化各子指标权重为：$W_{环境} = (0.333 \quad 0.667)$，各相应矩阵均通过一致性检验。

（三）城镇化综合水平评价的确定

分别设定 $Upop$ 为人口城镇化发展水平，$Ueco$ 为经济城镇化发展水平，$Usoc$ 为社会城镇化发展水平，$Uenv$ 为环境城镇化发展水平，其计算公式分别为：

$$Upop = 0.221 \times Y_1 + 0.241 \times Y_2 + 0.548 \times Y_3$$

$$Ueco = 0.263 \times Y_4 + 0.173 \times Y_5 + 0.102 \times Y_6 + 0.080 \times Y_7 + 0.094$$
$$\times Y_8 + 0.191 \times Y_9 + 0.096 \times Y_{10}$$

$$U_{SOC} = 0.184 \times Y_{11} + 0.167 \times Y_{12} + 0.100 \times Y_{13} + 0.060 \times Y_{14}$$
$$+ 0.106 \times Y_{15} + 0.264 \times Y_{16} + 0.118 \times Y_{17}$$

$$Uenv = 0.333 \times Y_{18} + 0.667 \times Y_{19}$$

式中，Y_{ij} 表示城镇化发展水平的第 i 年第 j 个指标标准化后的变量值。

那么，城镇化综合发展水平 Urb 测算公式为：

$$Urb = 0.196 \times Upop + 0.517 \times Ueco + 0.149 \times Usoc + 0.138 \times Uenv$$

Urb 越大说明城镇化综合发展水平越高。

二、兵团城镇化发展综合水平分析

在测算兵团城镇化综合发展水平过程中，以《兵团统计年鉴》（2006～2013年）数据为资料来源，以时间维度为基准，对兵团2005～2012年各年份的指标数据进行标准化处理。同时，根据城镇化发展水平评价函数模型中的计算公式，计算得到2005～2012年兵团人口城镇化发展水平、经济城镇化发展水平、社会城镇化发展水平和环境城镇化发展水平，最后计算出兵团城镇化综合发展水平的结果（见图2－2）。由测度结果可以看出，兵团城镇化水平不断提高，各子系统城镇化发展存在一些差异。

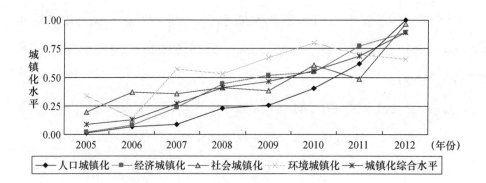

图2-2 2005~2012年兵团城镇化综合水平

（1）人口城镇化发展水平呈现"先慢后快"的快速上升趋势。2005~2012年，兵团城镇人口比重、非农业人口比重和非农产业就业人口比重都呈现出增大的发展态势，农业人口从2005年的133.25万人减少到2012年的119.25万人，非农产业就业人口由2005年的50.42万人增加到2012年的71.08万人。伴随着非农产业的发展，非农产业吸纳的劳动力逐渐增多，再加上中央新疆工作会议召开以后对兵团城镇化的支持政策，兵团设市、设镇步伐逐渐加快。这一期间兵团城镇人口持续快速增加，大量农牧团场人口向兵团建制城镇及非建制重点小城镇集聚，使城镇人口比重年均增长2个百分点，人口城镇化发展速度明显加快。由测度数据可以看出，兵团人口城镇化水平经历了"先慢后快"的发展态势，2005~2009年的5年间，人口城镇化水平由0.0166增长为0.2556，发展较为缓慢，而2010~2012年的3年间，人口城镇化水平由0.2556增长为1，发展速度快速提升。这说明兵团产业结构逐步优化，产业发展的中心逐步由团场转向城镇，非农产业从业人员比重快速上升，兵团人口城镇化发展水平稳步提高。

（2）经济城镇化发展水平呈现"快—慢—快"上升的趋势。2005～2012年间，兵团经济城镇化发展水平从2005年的0.0212上升到2009年的0.5141，进而达到2012年的0.8934。城镇化各项经济指标均呈现出递增态势：伴随着非农产业投资比重从78.8％增加至94％，兵团产业结构进一步优化，非农产业产值比重和工业化率分别由60.6％和17.1％提升为67.6％和27.4％；市场规模持续扩大，社会消费品零售总额从93.38亿元上升为296.23亿元，增长了3倍多，2012年进出口总额达到964981万美元，是2005年的3.1倍；经济的快速发展为城镇居民生活水平的提高奠定了坚实的基础，人均GDP和在岗职工平均工资分别增长了2.53和2.17倍，从2005年的12900元和12136元增长到2012年的45501元和37525元。随着产业结构的调整、经济规模的扩大和人民收入的提高，兵团城镇化建设速度进一步提升，建制市镇数量在这一阶段大幅增加，城镇的承载力和服务功能不断完善，经济城镇化发展进入新的历史时期。

（3）社会城镇化发展水平呈现"波浪式"的发展趋势。2005～2012年，兵团社会城镇化发展水平相对滞后，教育、卫生、城镇居民生活水平基本处于停滞状态。教育方面，初中教师平均负担学生数从15人降为11人，取得一定的建设成果。但卫生方面，每千人拥有的卫生技术人员仅从8人增长为9人，大多数年份这一指标没有变化，甚至有些年份出现降低的情况。描述城镇居民生活水平的恩格尔系数虽然持续下降，但在个别年份也出现上升的情况，如2010～2011年从29.72％上升为32.63％，人民的生活水平出现下降；同时在职职工的养老保险覆盖率也增长缓慢，8年间仅增加了1.13个百分点，期间的多个年份出现降低的情况。当然在民用汽车拥有数、城镇居民人均可支配收入等方面还是出现了大幅上涨的情况。可见兵团社会城镇化水平相对于经济和人口城镇化有待进一步提高，在城镇化建设中应该更注重民生建设和人的城镇化建设。

（4）环境城镇化发展水平"不稳定"，近两年出现下降的趋势。良好的生态环境是推进城镇化建设、提高人们生活水平的基础，尤其是兵团城镇大多数布局在"风头、水尾"、自然环境恶劣、生态脆弱的地区。兵团环境城镇化建设方面存在不足，2005～2012年，兵团环境城镇化发展水平从0.3330上升为0.6593，是几个子系统中增长速度最慢的，尤其是在2010年之后呈现逐年降低的趋势。从规模以上企业万元产值能耗来看，2005年这一指标为2.1吨标准煤，到2010年降低为1.435吨标准煤，之后这一指标不降反升，到2012年回升至1.6642吨标准煤，从而导致环境城镇化发展水平的下降。近些年，随着兵团经济的发展，环境问题也日益突出，高耗能、高污染的产业发展模式已不符合新型城镇化建设的要求。可见，兵团在推进城镇化的过程中，在城镇建设、支撑产业选择等方面要更加注重生态环境的建设。

（5）城镇化综合发展水平稳步提高，城镇数量大幅增加，城镇功能不断完善。2005～2012年，兵团城镇化综合发展水平测评值由0.0887上升到0.8906，提升了10倍多，反映出兵团城镇化综合水平大幅上升，但各子系统城镇化水平存在差异。首先，虽然兵团城镇人口占总人口的比重很高，但考虑到很多城镇人口都是从事农业生产，非农产业就业人口比重偏低，兵团人口城镇化水平长期低于城镇化综合水平，城镇化质量不高。其次，2008年之前兵团经济城镇化发展水平低于城镇化综合发展水平，之后高于城镇化综合发展水平，这说明兵团城镇化的产业支撑不断增强。同时我们也应看到，经济发展对城镇化支撑作用增强的同时，也导致环境城镇化水平的波动。由前期高于城镇化综合水平变为低于城镇化综合水平，说明兵团对城镇化支撑产业的选择方面更注重经济发展，而忽略了对生态环境的保护。最后，兵团社会城镇化水平出现较大幅度波动，说明兵团在促进"人的城镇化"方面还存在不足。

三、兵团各师城镇化综合水平的差异

（一）各师城镇化综合水平差异分析

为了更全面地分析兵团城镇化发展水平，本节将对兵团各师城镇化水平差异进行比较分析，分析方法和上面相同。需要说明的是，在指标选取时，由于各师城镇人口比重和恩格尔系数难以获取，故本书在分析时各师城镇人口比重用100%减去各师（团）场连队人口比重来代替，用消费性支出占比代替恩格尔系数，其余指标均未变动。数据来源于《兵团统计年鉴》（2013年），将兵团13个师作为研究个体，按照构建的评价指标体系，以空间维度为基准，对2012年各师实际指标数据进行标准化处理。根据城镇化发展水平评价模型中的计算公式，依次得到2012年兵团各师的人口城镇化发展水平、经济城镇化发展水平、社会城镇化发展水平、环境城镇化发展水平以及各师城镇化综合发展水平的评价值（见表2－6）。

表2－6 2012年兵团各师城镇化综合发展水平差异

地区	人口城镇化水平		经济城镇化水平		社会城镇化水平		环境城镇化水平		综合城镇化水平	
	测度值	排序	测度值	排序	测度值	排序	测度值	排序	测度值	排序
第一师	0.6931	6	0.3813	9	0.4385	9	0.2652	12	0.4341	10
第二师	0.6610	8	0.4373	7	0.7113	1	0.5713	4	0.5390	7
第三师	0.2685	12	0.2256	11	0.3029	12	0.3315	10	0.2595	12
第四师	0.5703	10	0.5734	5	0.5028	8	0.4390	8	0.5427	6

续表

地区	人口城镇化水平		经济城镇化水平		社会城镇化水平		环境城镇化水平		综合城镇化水平	
	测度值	排序	测度值	排序	测度值	排序	测度值	排序	测度值	排序
第五师	0.6929	7	0.2582	10	0.6378	5	0.5432	5	0.4380	9
第六师	0.7316	5	0.6632	3	0.5390	7	0.4060	9	0.6215	3
第七师	0.7756	4	0.4092	8	0.6869	3	0.0410	13	0.4702	8
第八师	0.9903	1	0.7719	1	0.6563	4	0.6003	2	0.7725	1
第九师	0.5420	11	0.1207	13	0.6238	6	0.4655	7	0.3246	11
第十师	0.9633	3	0.4849	6	0.4237	10	0.5975	3	0.5842	5
第十二师	0.9644	2	0.7550	2	0.2961	13	0.5276	6	0.6957	2
第十三师	0.6420	9	0.6298	4	0.6951	2	0.3030	11	0.5954	4
第十四师	0.0000	13	0.1249	12	0.3467	11	0.7082	1	0.2133	13

从表 2 - 6 可以看出，2012 年，兵团各师城镇化发展水平差距较大。各师在人口、经济、社会和环境子系统测度值的标准差分别为：0.2776、0.2234、0.1531 和 0.1779，可见各师在人口城镇化水平方面差距最大；其次是在经济城镇化方面；差距最小的是社会城镇化方面。这反映出兵团各师公共服务提供方面较为均等化，其最需要解决的问题是以城镇就业为中心的人口城镇化问题，同时也是经济城镇化问题。城镇化综合发展水平较高的有第八师、第十二师、第六师、第十三师、第十师，均分布在北疆经济较发达地区。城镇化综合发展水平较低的有第十四师、第三师、第九师、第一师，基本分布在南疆。其中第八师的城镇化综合发展水平得分最高，为 0.7725，第十四师的城镇化综合发展水平得分最低，为 0.2133，差距较为悬殊。第八师拥有兵团第一个"师市合一"的城市和"场镇合一"的建制镇，位于疆内经济最为发达的天山北坡经济带中心，同时拥有一个国家级开发区，为城镇

化建设的快速发展提供了便利条件。第十二师、第六师、第十三师、第十师也位于北疆地区，在所在区域发挥着交通枢纽和增长极的作用，优越的区位条件为城镇化建设提供坚实的基础，因而城镇化综合发展水平相对较高。第十四师、第三师、第一师基本处于经济发展较为落后的南疆三地州，基础设施条件落后、交通闭塞，难以融入国内市场和国际市场，制约其经济社会的发展，表现为产业层次较低，工业化水平低，城镇化发展缓慢。

（二）各师城镇化水平聚类分析

聚类分析是统计学中研究"物以类聚"问题的多元统计分析方法，在统计分析的应用领域已经得到极为广泛的应用。它能够根据一批样本（或变量）数据的诸多特征，按照性质上的"亲疏程度"，在没有先验知识的情况下进行自动分类，产生多个分类结果。聚类分析不像其他分类方法需要依靠预先定义好的标准或者示例数据，这种方法纯粹是根据数据自身所包含的属性和规律出发而进行分析和处理，最终得到一些可能的分类。因此，聚类可以直接从数据中分析属性隐含的模式。从这个角度来说，聚类方法是一种典型的数据挖掘方法，它的目标就是为了发现数据中隐含的相似性，了解隐含的数据模式构成。利用SPSS20.0对兵团13个师城镇化水平进行聚类分析，得到的聚类图谱如图2－3所示。

根据聚类结果，可将兵团各师城镇化综合发展水平分为：高城镇化水平地区、城镇化水平较高地区、中等城镇化水平地区和低城镇化水平地区，如表2－7所示。

高城镇化水平地区，主要包括第八师，其城镇化综合水平得分为0.7725，经济城镇化和人口城镇化水平也排第一。这一方面是因为其

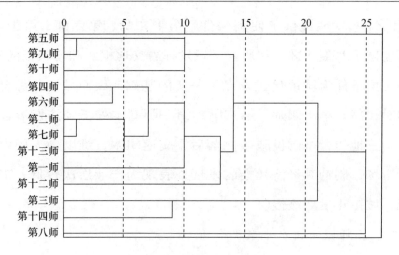

图 2-3   兵团各师城镇化水平聚类树状图

表 2-7   兵团各师城镇化发展水平聚类结果

城镇化发展水平	地区
高城镇化水平	第八师
较高城镇化水平	第一师、第二师、第四师、第六师、第七师、第十二师、第十三师
中等城镇化水平	第五师、第九师、第十师
低城镇化水平	第三师、第十四师

地处新疆区域经济较为发达的地区——天山北坡经济带的中心；另一方面也因为其最早设立"师市合一"、"场镇合一"管理模式，促进了其城镇化发展。

较高城镇化水平地区，主要包括第一师、第二师、第四师、第六师、第七师、第十二师、第十三师。该类地区主要处于新疆经济较为发达地州的区域中心，交通较为便利、基础设施较为完善，非农产业所占比重较大，非农人口就业比重较高，城镇化发展水平相对较高。

中等城镇化水平地区，主要包括第五师、第九师、第十师。该类地区主要位于偏远地区，交通基础设施水平较低，远离核心市场，各个师城镇化发展水平的大多数指标都比较落后，人口城镇化、经济城镇化、社会城镇化的发展水平评价值均相对较低。

低城镇化水平地区，该类地区主要包括第三师、第十四师，其城镇化综合发展水平分别为 0.2595 和 0.2133。这两个师（团）位于南疆三地州，受其区位条件、基础设施、人文环境等因素的影响，非农产业发展缓慢，农业劳动力转移缺乏产业支撑，导致城镇化综合发展水平十分落后。

第三章　兵团不同类型城镇化建设中资金供需现状

    金融在兵团城镇化过程中具有重要的推动和支持作用。由于兵团城镇建设资金主要靠国家投资和自身的利润积累，建设资金不足，因此金融的支持不可或缺。一是大量基础设施投资需要金融的支持保障。在兵团镇建设进程中，只有当基础设施建设方面的金融需求得到较好的满足，兵团城镇化进程才可能顺利推进。二是产业机构升级和转型需要金融资金和金融服务的支持。兵团企业大都规模小，资金实力薄弱，技术水平和管理水平低，缺乏竞争力，而做大做强兵团企业、优化产业结构、升级技术水平和管理水平，均离不开金融体系的大力支持。三是兵团职工成为城镇居民后，随着思想意识、生活习惯的改变以及财富和收入水平的提高，对金融服务要求的质量和方式也越来越高。由于兵团自身特殊体制的原因，兵团的城镇化进程由有建制市（镇）的师（团）城镇化和非建制市（镇）的师（团）城镇化两部分组成。在分析兵团城镇化建设中资金供需状况时，应从兵团建制城镇化建设资金需求与金融支持供需情况，以及非建制城镇化建设资金需求与金融支持供需状况两个维度，结合有关调研数据对金融支持兵团城镇运行维护的情况进行全面分析。

第一节　兵团建制城镇建设中资金需求与金融支持供需分析

随着城镇化的逐步推进，资金需求不断增大，同时城镇化的快速发展进一步反哺金融发展。金融对城镇化的推动作用体现在有效筹集和运用资金的能力以及为兵团经济发展提供有效资金支持等金融功能上。鉴于兵团体制的特殊性，城镇化发展同样呈现出相应的特殊性。目前，兵团建制城镇主要包括第一师阿拉尔市、第三师图木舒克市、第六师五家渠市、第八师石河子市以及第十师北屯市。

一、建制市建设中资金供需状况

城市维护建设资金是指专门用于城市公共基础设施和公用事业的维护建设，促进城市经济发展、优化城镇居民生活环境的财政性专项资金。具体包括由预算安排专项用于城市市政公共设施、环境卫生设施、城市绿化、交通管理设施、公共消防设施等建设与维护资金。

金融支持兵团有建制市（镇）师（团）城镇运行维护情况分析

兵团财务局 2012 年调研的数据仅反映了 2009 ~ 2011 年兵团部分城镇运行维护的情况，在此我们选取于 2009 年和 2010 年收集的数据对兵团第一师阿拉尔市、第三师图木舒克市、第六师五家渠市、第八师石河子市以及第十师北屯市的城镇运行维护资金来源的情况进行分析，（见表 3 - 1）。

表3－1　金融支持兵团建制市（镇）师（团）城镇运行维护情况

建市（镇）师（团）	年份	中央财政	城市维护建设税	土地出让金	市场化运营收入	贷款	自筹（市财政）
第一师	2009	2408	676	0	1335	0	13006
阿拉尔市	2010	4342	846	0	1743	0	14095
第三师	2009	1138	77	0	6387	0	0
图木舒克市	2010	1215	140	0	8126	0	0
第六师	2009	1877	703	0	1722	203	12668
五家渠市	2010	1945	972	0	2096	484	13773
第八师	2009	4624	7506	1545	562	0	2543
石河子市	2010	2200	10991	9842	562	0	3844
第十师	2009	1384	2306	0	1482	0	3518
北屯市	2010	2555	2639	0	1981	0	4172

注：以上数据由2012年兵团财务局及2009年和2010年《新疆财政年鉴》整理所得。

从表3－1可以看出：第一，在以上兵团拥有建制市（镇）的师（团）中其城镇运行维护费由中央财政补助的部分均占比不大；第二，除第八师石河子市外其他3个师（团）的城镇运行维护费主要依靠自筹，这在一定程度上说明虽然这些城市拥有健全的城市职能，但由于自身所处地理位置及自身产业培养的差距，使得这些城市利用城镇建设维护税、土地出让金等对城镇运行进行维护的作用发挥不大；第三，以上所有拥有建制市（镇）的师（团）城镇运维费中市场化运营收入比较稳定，可相对缓解财政资金保障压力；第四，虽然第六师五家渠市作为唯一通过贷款支持城镇运行维护的城市，但其贷款额度并不是很大。可喜的是，随着时间的推移，通过贷款对城镇运行维护的作用正在逐渐变大。

以五家渠市和石河子市为例：2009～2011年，五家渠市基础设施建设投入分别为2.33亿元、3.76亿元、3.96亿元；石河子市基础设施建设投入分别为 3.9 亿元、5.34 亿元、7.34 亿元。截至 2011 年年末，五家渠市辖区有居民 39278 户，人口数量 103011 人，共设 3 个街道办事处、14 个社区服务站；石河子市辖区有居民 149699 户，人口数量 417142 人，共有 5 个街道办事处、55 个社区服务站。五家渠市为新建市（镇），成立之时即将公共服务机构纳入市镇财政保障范围，15 个财政保障的公共服务机构，具体包括：1 个乡镇级文化中心、2 个文化资源共享点（不包括 38 个基层服务点）、消防站行政治安队、行政执法队、动物防疫所、征迁办、社区服务、环卫站、物业站、绿化队、供水站、热力站、市政公司。石河子市属原建城市，原有公共服务机构已由财政保障。近两年为落实国家政策要求并适应本地公共服务需要，石河子市又将 8 个公共服务机构（群艺馆、图书馆、流浪乞讨救助管理站、社会福利院及 4 个幼儿园）纳入本级财政保障范围，给予全额或差额补助。

兵团城镇运行维护经费的主要来源：市场化运营收入、自有财力、银行贷款。五家渠市 2010～2011 年城市维护建设税收收入分别为 972 万元、1710 万元，而同期城市基础设施建设及运维支出达到 3.76 亿元和 6.92 亿元。石河子市 2010～2011 年城市维护建设税收收入分别为 1.1 亿元、1.31 亿元，而同期城市基础设施建设及运维支出分别达到 3.4 亿元和 6.5 亿元。

基础设施运行维护方面，2011 年，五家渠市基础设施运维费支出 8432 万元（按城市人口计算人均 818 元，下同），其中市财政负担 3000 万元，占实际支出的 35.6%；石河子市基础设施运维费（包括银行贷款）支出 1.79 亿元（人均 818 元），其中市财政负担 6810 万元，占实际支出的 38%。

社区运行方面，2011 年，五家渠市实有专职工作人员 82 名，经费支出 990 万元（基本支出 383 万元），全部由市财政负担（其中基本支出人均 4.67 万元）；石河子市实有专职工作人员 517 名，经费支出 2612 万元（基本支出 2190 万元），其中市财政补助 2321 万元（其中基本支出人均 4.23 万元）。

公共服务机构方面，公共服务机构均纳入本级财政保障范围。以石河子市为例，该市对这类事业单位核定了编制（地方编制），所需经费由本级财政给予全额保障，2011 年对 8 个公共服务机构安排经费 2115 万元（基本支出人均 6.95 万元，其中人员支出人均 5.43 万元）。

城镇基础设施建设规模快速发展，基础设施运行维护相应增加。2009～2011 年，全兵团城镇基础设施建设每年投入分别为 8.8 亿元、6.36 亿元、13.76 亿元，年均增长 25%。基础设施建设的快速发展，导致基础设施运行维护投入不断加大。由于城镇住房建设力度加大，基础设施的补贴支出随之加大。自 2008 年兵团实施保障性住房建设以来，2009～2011 年新建保障性住房户数分别为 81561 户、80500 户、142200 户。新建住房大量增加后，对住宅区及相应基础配套设施运行维护的政策性补贴支出也相应不断增加。城镇建设应运而生的社区管理和公共服务机构的不断增加，进一步加大了城镇运行维护支出规模。据兵团民政部门统计，截至 2011 年末，兵团已建社区居委会 837 个，有社区工作人员 5525 人。兵团企业除依法向国家和地方政府纳税外，还要向师（团）上缴利润，承担师（团）行政运转和事业发展支出的不足部分。近两年，尽管中央财政将连队也纳入财政保障范围，但补助标准仍然偏低，加上团场自身发展的需求，团场没有比照《税法》"取之有度"的原则收取一定的公共预算收入，而是将大部分经营收益均作为团场公共运转、维稳成边和社会事业发展的补充。2011 年，团场补充机关、事业单位及连队管理人员经费不足的支出 15 亿元，用于城镇基础设施建设配套资金 1.7 亿元。

兵团城镇运行维护经费保障存在问题。兵团城镇运行维护费用呈现逐年快速增长趋势，已给兵团各级财政财务造成很大压力。2009～2011 年，五家渠市城乡社区事务每年支出（扣除基建项目支出）年均增长率为 78%，而同期其财政收入年均增长率为 65%。同期，石河子市城乡社区事务每年支出（扣除基建项目支出）年均增长率为 33%，而财政收入年均增长率为 31%。兵团特殊体制导致城镇运行维护经费供需矛盾尤为突出。从相关政策和数据情况分析，兵团各级可供安排的城镇运行维护经费来源渠道主要有工业企业缴纳的城市维护建设税收返还及国有资本收益等收入。由于兵团体制特殊，收入渠道难以或根本无法保证城镇运行维护支出的需要：一是城市维护建设税收返还数额有限，且存在师域间不均衡。兵团 2009 年城市维护建设税缴纳 1.92 亿元、2010 年缴纳 2.32 亿元、2011 年缴纳 2.83 亿元，其中绝大部分为建市的第八师、第一师、第六师所缴。在对兵团工业企业税收返还时，2009 年自治区财政共返还兵团城市维护建设税 3417 万元（其中，第一师 378 万元、第六师 66 万元、第八师 1684 万元）；2010 年自治区财政共返还兵团城市维护建设税 6051 万元（其中，第一师 296 万元、第六师 61 万元、第八师 3976 万元）。二是国有资本经营收益管理虽已通过制度强制规范，但兵团本级此项收益十分有限，且有专门用途，无力解决兵团各级城镇运行维护费用。根据《兵团国有资本收益管理办法》，2009～2011 年兵团国有资本经营收益分别为：1.82 亿元、2.29 亿元、2.81 亿元，主要用于支持兵团产业发展。

二、建制镇建设中资金供需状况

建制镇作为具有相应行政区域和基层政权组织的一级行政建制，

是被国内外理论和实践证明行之有效的重要城镇化模式。由于特殊体制和发展历程，兵团建制镇发展处于刚刚起步阶段。为落实兵团党委"团场建镇"战略部署，为促进兵团建制镇快速健康发展，我们以兵团现有 4 个建制镇（金银川、梧桐、蔡家湖和北泉）为样本，对相关问题进行了调查研究。

北泉镇成立于 1999 年，地处第八师石河子市北郊，为石河子市市辖镇，区域面积 375 平方公里，下辖 16 个行政事业单位，38 个生产连队，人口 4.7 万，2011 年实现生产总值 23 亿元，是兵团最早设立的建制镇。梧桐镇成立于 2012 年，地处第六师五家渠市，为五家渠市市辖镇，东临乌鲁木齐市米东区甘泉堡工业园区，南靠五家渠市，面积 237 平方公里，下辖 9 个农业连队，工交建商企业 17 家，人口 3.7 万，2011 年实现生产总值 6.2 亿元。蔡家湖镇成立于 2012 年，地处第六师五家渠市，为五家渠市市辖镇，位于天山北麓、准噶尔盆地南缘，下辖 12 个农业连队，工交建商企业 16 家，面积 330.5 平方公里，人口 1.8 万，2011 年实现生产总值 4.7 亿元。金银川镇成立于 2013 年，地处塔里木盆地西北边缘，天山支脉喀拉铁克山南麓，为第一师阿拉尔市市辖镇，辖区包括第一团、第二团、第三团及沙水处区域，南与阿瓦提县相邻，西接柯坪县，北与阿克苏市相连，面积 1338.8 平方公里，人口 5.1 万，2011 年实现生产总值 20.6 亿元。

2012 年，北泉镇生产总值预计较 1999 年建立之年净增 8.6 倍，第二、第三产业增加值占生产总值比重达 70%，较 1999 年增加约 31 个百分点，个体工商户从 1999 年的 758 户增长到 2012 年的 2349 户。2003 年，北泉镇经自治区批准设立自治区级乡镇工业园区，成为招商引资的重要载体，现拥有规模以上企业 99 家，非公有制经济占全场经济总量的比重由 1999 年的 17% 提高到了 76%。2011 年，北泉镇生产总值和利润总额均排名兵团 176 个团场第 1 位，金银川镇所属的第一、第二、第三团利润总额分别排名第 3 位、第 8 位、第 4 位，其中第一、第三团生产总值分别排名第 15 位、第 13 位。第一零二团梧桐镇 2012 年甩掉了 29 年亏损的帽子，经济社会发展步入全师前列，在全师综合考核排名中由第 5 位升至第 2 位，将着力打造五家渠市的新型工业化示范镇、产业园区配套生活服务示范基地、生态农业及产业化基地和北疆重要旅游节点。第一零三团蔡家湖镇在 2012 年第六师综合考核排名中由第 6 位升至第 1 位，且以建镇为契机，提出"一个同步、两个力争、四个实现"目标，即到 2017 年与师市同步建成小康社会，到 2020 年力争实现生产总值比 2010 年翻三番，力争实现居民人均收入比 2010 年翻两番。金银川镇 2011 年生产总值占第一师比重达到 15.4%，正朝着建设新疆绿色有机食品生产加工基地、南疆重要的商贸物流基地、阿克苏地区重要的石化和棉纺织工业基地目标迈进。

建制镇拥有财税管理权限，从而使建制镇产业发展和公共事业投入拥有了更强的财力支撑，增强了"造血"功能和自我发展能力。北泉镇国地税征收入库额从 2000 年的 870.1 万元增至 2012 年的 2.5 亿元，净增 27.7 倍；2012 年镇一般性财政收入（税收留用）1.7 亿元，相当于全场当年土地承包费收入的 4.3 倍，建镇以来地税留用累计达 4.8 亿元。尤其是 2004 年，石河子市明确"税收上缴基数（1000 万元）超过部分全部返还"政策后，极大地提高了石河子市总场招商引资、发展非公有制经济积极性。加之对团场落实农业减负政策，镇财政收入快速大幅增长，"自生财源"为团场发展提供了源源不断的财力支撑，"税收留用"已经成为场镇最大、最稳定、最具可持续性的"自生财力"来源，为团场"三化"建设和"以城带乡"、"以工哺农"提供了有力的财力保障。

以北泉镇为例，2009～2011 年，北泉镇基础设施建设投入分别为 3540 万元、3857 万元、3950 万元。北泉镇辖区有居民 16602 户，人口数量 45788 人，共有 1 个社区服务中心（相当于街道办事处，下同）、9 个社区服务站。就公共服务需求而言，北泉镇 16 个财政保障的公共服务机构具体包括 1 个乡镇级文化中心、2 个文化资源共享点（不包括 38 个基层服务点）、周总理纪念碑馆以及消防站、行政治安队、行政执法队、动物防疫所、征迁办、社区服务、环卫站、物业站、绿化队、供水站、热力站、市政公司。北泉镇 2010～2011 年城市维护建设税收收入分别为 352 万元、372 万元，而同期城市基础设施建设及运维支出达到 3950 万元和 3450 万元。在城镇运行维护费用支出方面，北泉镇基础设施运维费支出 6364 万元（扣除一次性公共设施投入，人均 571 元），其中财政负担 2614 万元，占实际支出的 41%。北泉镇实有专职工作人员 93 名，经费支出总额 595 万元（基本支出 395 万元），全部由镇财政负担（其中基本支出人均 4.25 万元）。

第二节　兵团非建制城镇建设中资金需求与金融支持供需分析

一、"兵地共建城区"建设中资金供需状况

兵团现有"兵地共建城区"包括奎屯市天北新区、第五师博乐新区、第九师朝阳新区、第十二师乌鲁木齐新区等。以奎屯市为例，2011 年，奎屯市基础设施建设投入 2.32 亿元，居民 5.7 万户，人口数

量 17 万人，共设 5 个街道办事处，37 个社区居委会，公共服务部门包括群艺馆、幼儿园、社会福利院等公共服务机构。2011 年，奎屯市税收收入 9.04 亿元（其中城市维护建设税收入 1.62 亿元），非税收入 1.87 亿元。为保障城镇工作运行，2011 年，奎屯市城市基础设施建设及运维支出 2.3 亿元，街道及社区财政投入 2632 万元，援疆资金 2908 万元，共计 5540 万元。基本支出 2297 万元，人均保障水平为 4.73 万元。公共服务机构均纳入本级财政保障范围，给予全额或差额补助。

总体来看，首先，自治区市（镇）的城镇运维费中市场化运营收入稳定，地方财政资金对可市场化运营项目投入相对较少。其次，自治区市（镇）税收收入稳定，财政对城镇运行维护费具有较强的保障能力。最后，自治区市（镇）社区建设起步早，基础设施建设已基本完善，社区干部基本运转经费已全部纳入财政保障范围。

二、非建制团场小城镇建设中资金供需状况

首先，兵团非建制团场小城镇，不享受国家赋予城镇的各种行政权限，财政功能不完整，各部门收取的税费直接上缴，可直接支配资金较少。投资拉动是进行城镇化的重要驱动力，但是兵团大部分团场位于环境恶劣、条件较为艰苦的边远地区，招商引资较为困难，因此融资渠道较为单一。

其次，从兵团城镇化建设的融资结构看，直接融资规模较小，而间接融资居主导地位，资金需求过度依赖银行，难以满足兵团城镇化进程中对金融服务的多样化需求。

表3-2　金融支持兵团非建制市（镇）师（团）城镇运行维护情况

单位：万元

年份	中央财政	城市维护建设税	土地出让金	市场化运营收入	贷款	自筹（市财政）
2009	4615	23	0	11599	11272	56574
2010	6988	45	0	12015	13162	65392
2011	13047	56	3088	14789	15651	82347
合计	24651	125	3088	38403	40085	204312
各项所占比例（％）	7.93	0.04	0.99	12.36	12.90	65.77

注：以上数据由2012年兵团财务局调研数据整理所得。

　　从表3-2可以看出，兵团非建制市（镇）的师（团）与兵团有建制市（镇）的师（团）不同：第一，非建制师（团）的城镇运行维护费主要来自市场化运营收入、贷款和自筹三部分，其中一半以上是通过自筹来解决的；第二，中央财政补助对非建制师（团）在城镇运行维护补助总额上不及其余四个拥有建制市（镇）的师（团），这在一定程度上是不合理的；第三，贷款成为非城市建制师（团）城镇运行维护资金的第二大来源，说明在没有城市主要财税职能的前提下要进行城镇化建设，许多师（团）都选择了贷款这一路径，进一步分析发现与地处南疆的非建制师（团）相比，北疆非建制师（团）会更容易获得贷款，这可能与这些师（团）所处的地理位置以及当地产业发展及前期积累有关；第四，在自筹资金方面，南疆非建制师（团）的压力要大于北疆及东疆非建制师（团）。以上四点也体现了对于非建制师（团）在没有收入的前提下，进一步通过金融支持促进兵团城镇运行维护发展的必要性。

　　第一师城镇建设中资金供需状况如表3-3所示。由表可知，2009~2011年，第一师城镇运维支出由2.4亿元增至3.2亿元。城镇运维项目包括基础设施运行维护、社区运行、公共服务机构三项。融资渠道包括中央财政拨款，市场化运营收入以及自筹，其中，2009 年中央财政拨款 6379.99 万元。截至 2011 年，中央财政拨款、市场化运营收入从 2009 年的 1335 万元增加至 2011 年的 1975.94 万元；自筹经费增长迅猛，2009 年经费总额仅为 16320.95 万元，到 2011 年自筹经费达 23127.32 万元。第一师下辖 15 个团场以及沙水处，从第一师各团场城镇运维费用以及融资渠道和融资总额分析可知，第六团、第八团以及第十四团明显位于第一集团，城镇运维费用都超过千万元，第八团与第十四团均超过 5000 万元，其他团场以及沙水处城镇运维费用较少，因此在分析城镇融资渠道等金融供给方面的问题时集中分析第六团、第八团以及第十四团。在融资渠道上，中央拨款以及自筹是第六团、第八团以及第十四团城镇运维费用的主要资金来源，市场运行收入占比较低。

表 3－3　第一师城镇建设运维状况

单位：万元

年份	中央财政	市场化运营收入	自筹（市财政）
2009	6379.99	1335	16320.95
2010	6362.62	1743.26	16756
2011	7208.46	32312.72	23127.32
合计	19951.07	35390.98	56204.27

近年来，第二师城镇建设运维费用大幅上涨，城镇建设投入力度逐步加大。2009～2011 年，保障性住房投资分别为 3.55 亿元、4.87 亿元、7.129 亿元，年均增长 42%，新增保障性住房分别为 4490 户、5300 户、8000 户，保障性住房面积分别为 36.86 万平方米、38.78 万

平方米、64.96 万平方米，年均增长 36%，中央及上级财政拨款（含廉租住房等住房保障支出）分别为 8352 万元、19525 万元、27457 万元，年均增长 85%。全师保障性住房建设速度还在加快。随着第二师城镇化进程不断推进，城镇社区承担的社会职能不断增多，但辖区内城镇运行维护支出没有纳入公共财政支出范围，这部分经费都是团场自行承担，存在只管建房，不管绿化、亮化，忽视文化体育、商业服务、医疗卫生等服务设施建设，绿化覆盖率低，通行能力差，污水垃圾处理设施不完善，小区环境脏乱差，建好的住房入住率不高的现象，如表 3 - 4 所示。

表 3 - 4　第二师城镇建设中资金供需状况

单位：万元

2009 年			2010 年			2011 年		
开支金额	市场化运营收入	自有财力	开支金额	市场化运营收入	自有财力	开支金额	市场化运营收入	自有财力
18947	3392	15555	22386	3541	18845	23139	3590	19549

随着师（团）场城镇保障房建设快速发展，团场人口急剧向城镇集中，团场城镇社区承担的社会职能不断增多，辖区内城镇社区运行支出也在快速增长。城镇运行维护经费由师（团）自有财力弥补，自有财力不足以弥补的，只能通过银行贷款或拖欠款项解决。目前，师（团）自有财力包括国有资本收益、行政事业性收费、罚没收入及利息收入等。据统计，2009 ~ 2011 年 14 个农牧团场汇总城镇运行维护经费扣除市场化运营收入后分别为 15555 万元、18845 万元、19549 万元，年均增长 12.45%。14 个农牧团场汇总基础设施运行维护费扣除市场化运营收入后分别为 6096 万元、6179 万元、6312 万元（按团场

居民人口计算，人均 426 元），全部由团场自筹解决，自有财力负担比重达到 63%，各团场因市场化运营程度不同，自有财力比重差异也较大。根据第二师总预算决算报表反映，2009～2011 年师（团）场社区运行基本支出分别为 2550 万元、4752 万元、5085 万元，年均增长46.5%，人均支出达到 4.2 万元。公共服务单位（如文化中心、幼儿园、福利机构、连队综合活动文化室、水管站等）均未纳入财政供养范围，由师（团）负担。据统计，2009～2011 年，团场未纳入财政供养范围的公共服务机构基本支出分别为 6959 万元、8064 万元、8352 万元。

2012 年的城镇运行维护资金包括：第一，城镇基础设施运维费支出 164 万元，全年经费需求合计 9866 万元；第二，社区运行维护费5427 万元；第三，未纳入财政供养范围公共服务机构：文化中心综合补助为 837 万元，幼儿园在职人员补助达 877 万元，水利事业单位水管站等基本补助 3385 万元，社会福利机构达到 288 万元。长期以来，团场城镇都是"自建自管"，随着城镇基础设施建设规模加快，城镇住房建设力度加大，最大的问题是楼房建了、路没修、树没栽、草没种、灯没亮。由于人员经费保障低，从业人员流动性大，管理难度增加。团场自有财力除去上缴利润外，还要作为团场公共运转、维稳和社会事业发展的补充，城镇化进程加速，城镇运行维护经费支出规模庞大，团场财力再难以为继。随着团场贷款规模扩大，如果没有稳定有效的经费保障，团场财务状况将会持续恶化。

第三师（团）场小城镇规划实施推进了团场小城镇建设的发展，城镇给水工程、下水工程及供热系统的更新改造提高了团场居民生活水平。项目的实施得益于国家财政的大力支持。但因团场居民住房较为分散，以上项目的运营成本较高，主要靠团场自身财政解决。许多项目规划与团场发展不同步，且小城镇改造规划中管网改造只限主管网，而二网、三网改造仍须争取国家资金。

第三师 15 个团场城镇都是"自建自管"，没有纳入公共财政支出范围，这部分经费都是团场自己负担。同时，根据兵团城镇化建设规划，今后一个时期，职工群众逐步向城镇和中心连队集中，城镇社区承担的社会职能不断增多。但随着公共服务职能日趋增多，辖区内城镇运行维护支出规模将快速增长，团场城镇化进程中的资金供需矛盾日益突出。根据第三师决算反映，2009 ~ 2011 年，第三师城乡社区事务支出（扣除基建项目支出）分别为 7524 万元、9342 万元、10413 万元，年均增长率为 32%，这种支出规模和增长幅度仅靠师、团自身财力已难以为继。2009 ~ 2011 年，第三师城乡社区事务支出（扣除基建项目支出）分别为 7524 万元、9342 万元、10413 万元，年均增长率为 32%。截至 2011 年末，第三师社区 94 个机构，人员 1284 人，辖区有居民人口数量 92126 人。城镇化建设所需公共服务机构（如文化中心、幼儿园、福利院、城管、消防等）均由团场自行负担。自行负担的公共服务机构具体包括幼儿园、治安队、消防站、气象站、绿化站、供水站、物业站、团史馆、文化中心（站）、养老院。

目前，师（团）自有财力包括国有资本收益、行政事业性收费、罚没收入及利息收入等。城镇运行维护经费由师（团）自有财力弥补，而自有财力不足以弥补的，只能通过市场运营收入解决。第三师城镇运行维护经费的主要来源是市场化运营收入。2011 年第三师城镇运行维护费支出 10413 万元。其中：基础设施运维费支出 6232 万元；社区运行支出 2210 万元；未纳入财政公共服务机构支出 1971 万元。总支出中财政保障比例为 15.68%。

第三师（团）城镇运行维护中面临一系列问题：第一，因市场化运营条件有限，市场化运营程度低、收入少，大部分由师（团）自筹，当师（团）无力自筹时则通过银行贷款或企业欠款解决，大大加重了师（团）负担。第二，团场在积极推进城镇化建设的同时，团（场）镇综合承载能力却未得到相应速度的提升，许多基础设施及配套设备已无法满足公共服务要求。第三，师（团）社区管理机构运行经费由师（团）自行负担。由于团场财力所限，经费保障水平较低，导致人员工资待遇低、基础设施投入不足，工作职能无法正常发挥。第四，由于中央编制限制，部分承担公共职能的机构未纳入财政供养范围，加重了团场财务负担并影响服务作用的发挥。

第四师城镇人口达 12.06 万，城镇化率达 53%。2010～2012 年上级财政累计拨入城镇基础设施建设经费近 4 亿元，有力地推进了团场城镇基础建设工作，使团场城镇综合承载能力明显增强，公共基础设施不断增强，道路硬化、居民点绿化、住房优化、环境美化等工程不断推进，服务能力和供给能力进一步增强。根据"一市十六镇"的城镇化建设规划，城镇化率会每年提高 4 个百分点以上，到 2015 年城镇化率确保达到 65% 以上，力争达到 70%。通过城镇化发展，促使传统经济形态向现代经济形态转型，带动城镇基础设施配套和城镇综合功能完善，使第四师全面建设小康的社会环境得到优化，带动由管理团场、连队向管理城镇、社区和管理团场连队相结合转变。

表 3-5 第四师城镇建设运维费用情况

单位：万元

年份	中央财政	城市维护建设税	市场化运营收入	贷款	自筹（市财政）
2009	617.61	7.80	1784.00	103.00	8737.30
2010	387.00	8.46	2016.60	241.72	11729.00
2011	526.77	10.43	2414.40	209.00	13500.00
合计	1531.38	26.69	6215.00	553.72	33966.30

第四师现有社区 67 个，其中团场小城镇社区 58 个，师部师直社区 4 个，企业社区 5 个。社区工作人员 2298 人，居民总人数 153532 人，社区承担着社会综合治理、流动人口管理、计生工作、人口信息采集、民事纠纷调解、婚丧嫁娶、环境卫生（保洁保绿）、市场管理、城建监察、城镇绿化美化建设、垃圾清运处理、公共卫生、房产管理、路政交通管理、公路养护、公路交通安全管理、福利院、城镇建设的拆迁、殡仪馆的服务管理、客运站管理等职能。如表 3 - 5 所示，2009 年城镇运行开支费用 11249.64 万元，其中城镇基础设施运行 4844.3 万元、社区运行维护 3895.66 万元、未纳入财政供养范围公共服务机构 2509.68 万元。经费来源中财政拨款 1123.30 万元，城市维护建设税 7.80 万元，市场化运营收入 1784 万元，贷款 103 万元，团场自筹 8013.20 万元。2010 年，城镇运行开支费用 14383.03 万元，其中城镇基础设施运行 6131.84 万元、社区运行维护 5077.84 万元、未纳入财政供养范围公共服务机构 3173.35 万元；经费来源中财政拨款 1172.00 万元，城市维护建设税 8.46 万元，市场化运营收入 2016.60 万元，贷款 241.72 万元，团场自筹 10724 万元。2011 年，城镇运行开支费用 16660.5 万元，其中城镇基础设施运行 6994.99 万元、社区运行维护 6185.73 万元、未纳入财政供养范围公共服务机构 3479.78 万元；经费来源中财政拨款 1324.20 万元，城市维护建设税 10.43 万元，市场化运营收入 2414.40 万元，贷款 209 万元，团场自筹 12506 万元。2012 年，城镇运行开支费用 20529.40 万元，其中城镇基础设施运行 9703.18 万元、社区运行维护 6627.19 万元、未纳入财政供养范围公共服务机构 4198.98 万元。

　　第五师城镇建设中资金供需状况如表 3 - 6 所示。由表可知，2009～2011 年，第一师城镇运维支出由 1091 万元增加至 13468 万元，在兵团各师（团）城镇建设支出中处于大幅落后地位。城镇运维项目包括基础设施运行维护、社区运行、公共服务机构三项。融资渠道包括中央财政拨款、市场化运营收入以及银行贷款。其中，2009 年中央财政拨款 531 万元，截至 2011 年，中央财政拨款增加至 756 万元，同时市场化运营收入从 2009 年的 2129 万元降至 2011 年的 1953 万元。总体而言，市场运营收入仍然是第五师城镇建设资金的主要来源。银行贷款在城镇建设中的投入量增长迅猛，2009 年银行贷款总额为 5250 万元，然而到 2011 年，银行贷款总额达 9283 万元。三大来源中，银行贷款所占比重最大，其次是市场化运营收入，最后为中央财政拨款。然而，对处于大发展中的第五师而言，较少的中央财政拨款显然无法满足城镇化发展的需求，大量的资金缺口需要师（团）场自行筹资解决。就第五师城镇资金来源而言，无论是中央财政拨款、市场化运营收入还是银行贷款，均处于兵团较低水平，与兵团平均水平相比差距依旧较大。

表 3 - 6　第五师城镇建设运维费用情况

单位：万元

年份	中央财政	城市维护建设税	市场化运营收入	贷款	自筹（市财政）
2009	531	7.80	2129	5250	2952
2010	714	8.46	1289	3998	2725
2011	756	10.43	1953	9283	3143
合计	2001	26.69	5371	18531	8820

第六师城市建设管理处内设机构：综合办公室、市政养护办公室、计划财务人事科、公交客运办公室、收费办公室、城管办、靓丽保洁保绿服务部、清雪队、质检大队、环卫保洁的三个承包公司、垃圾清

运承包公司。截至 2011 年 12 月底，单位正式职工实有人数 73 人（其中事业人员 57 人，企业人员 16 人），保洁保绿聘用人员 278 人，离退休人员 93 人，负责城市基础设施建设、维护、管理和公共设施、公用照明、污水排放、公共客运交通、园林绿化、市容市貌及环境卫生管理的综合治理工作，以及依法征收城市道路占用挖掘费、城镇居民垃圾清运费、公共场所商业用房摊点垃圾清运费等。截至目前，城建处负责对城区 32 条 200 万平方米道路实施清扫保洁，基本上做到了布局合理，摆放规范，封闭性能好，使用方便，便利群众。现有综合性公园 2 个，街头绿地 7 块，公共绿地 4 块，建成区绿地面积 452.3 公顷，公共绿地面积 57.1 公顷，人均公共绿地面积 10.39 平方米，绿地率 36%。城市建设管理处担负着全市 5351 亩的绿地养护、管理工作。

2011 年市政维护支出 2312 万元，具体为：园林绿化、环卫保洁、垃圾清运费用 1520 万元，其中：园林工人工资及园林地块承包费 670 万元，保洁承包费 500 万元，绿化水费 90 万元，公厕管理 20 万元，垃圾清运费 80 万元，垃圾场费 30 万元，材料费 10 万元，冬季清雪费 120 万元。路灯和信号灯及排污设施维护费 260 万元，其中：路灯电费 150 万元，路灯、信号灯维护 30 万元，道路标线 27 万元，排污泵站费用 24 万元，材料 29 万元。其他市政维护 37 万元，其中：道路维护 14 万元，节假日装扮 4 万元，城市管理监察专用车 5 万元，非防费用 14 万元，春秋季植树 480 万元，其他 15 万元。

2011 年，第六师供水管理包括：管理费用，泵站修理费、维护费，管线维护、检修费，水质、水压在线监测维护费，智能视频监控报警系统维护费等。保证水质、水压符合国家有关标准的供水总成本为 1890 万元：①主营业务成本 1488 万元。具体为：供水资产折旧 243 万元，水厂供水燃料费 20 万元，电费 160 万元，材料及维修费用 220

万元，供水管网安装成本 845 万元。②主营业务税金及附加 32 万元。③期间费用 370 万元。具体为：管理费用 277 万元，其中包括管理人员费用 184 万元，水质检测费等 93 万元；销售费用 93 万元，主要是供水销售及检查人员费用。2011 年营业总成本 1890 万元，营业利润为亏损 499 万元，净利润为亏损 171 万元。

第六师城镇运维资金支出与融资渠道（见表 3 - 7）表明，2009 ~ 2011 年城镇运维支出由 16479 万元增加至 26529 万元，增幅较大。与其他师（团）相比，第六师城镇运维开支处于兵团城镇建设支出的前列。就城镇建设资金来源而言，经费融资渠道较广，由中央财政拨款、城市维护建设税收、市场化运营收入、贷款以及团场自筹构成，与兵团其他地区相比，融资渠道能力突出。在各融资渠道中，团场自筹是城镇运维资金的主要来源，且所占比重较大；其次是中央财政拨款与市场化运营收入。

表 3 - 7　第六师城镇建设运维费用情况

单位：万元

年份	中央财政	城市维护建设税	市场化运营收入	贷款	自筹（市财政）
2009	1877.00	9.10	1722.10	203.00	0.00
2010	1944.90	10.00	2096.00	483.53	13773.00
2011	4998.00	10.20	2234.40	5061.00	14226.00
合计	8819.90	29.30	6052.50	5747.53	27999.00

近年来，第七师城镇运行维护支出快速增长。当前师城镇基础设施还不能满足社会经济发展的需要，还需新增供热中心、污水处理厂、文化中心、社区服务站等基础设施；部分规划道路需要修建，并进行供热、给排水管线的配套铺设。另外，近年来由于团场加大城镇化建

设的步伐，团场连队人口逐渐集中到团部，团场新建了廉租房及商铺，相应需要增加配套的供水、供热、污水处理、绿化、道路等基础设施建设投资。截至目前，第七师社区共计 44 个，其中师直社区 18 个、团场社区 26 个，最早的社区成立于 1996 年。师现有社区工作人员 1048 人，其中师直社区 267 个、团场社区 781 个。经统计，全师社区管理服务居民总人数 208978 人，其中师直 91604 人，团场 117374 人。

截至目前，第七师各层社区运转经费没有纳入兵团综合财力保障范围。第七师直社区经费主要由天北新区和师直企业负担，团场基本靠自有财力维持。总体而言，城镇运维资金来源主要分为中央财政、市场化运营收入、自筹资金。2009~2011 年，第七师各项资金来源占比见表 3-8。

表 3-8　第七师城镇运维资金供需情况

单位：万元

	2009 年	2010 年	2011 年
合计	10648.67	11914.11	18019.08
市场化运营收入	2050.89	2510.12	2961.40
自有财力	7825.61	8344.09	13378.66
其中：城市维护建设税收返还	0.00	0.00	0.00
银行贷款	0.00	800.00	890.00

从表 3-8 可以看出，第七师城镇运行维护资金来源主要依靠师、企业、团场自有财力。2012 年，师城镇化建设运行维护费用资金需求为 22608.27 万元，其中：城镇基础设施运行维护经费 13677.22 万元，包括供水 1286.90 万元、污水处理 1174.20 万元、集中供热 5475.10 万元、垃圾填埋 145.20 万元、道路养护 4050.70 万元、市政照明 101.04 万元、环卫保洁 625.91 万元、园林绿化 674.17 万元、其他

144.00 万元。社区管理运行经费 3482.86 万元。其中：社区工作人员经费 2394.10 万元、社区工作公用经费 759.95 万元、社区工作专项 328.81 万元。其他未纳入财政供养范围的公共服务运行机构截至目前合计 1246 人，其中：师直 41 人，团场 1205 人。2012 年资金需求运行经费 5448.19 万元，其中：文化中心 1590.90 万元、幼儿园 502.14 万元、消防治安站 476.95 万元、供水站 453.71 万元、文化信息资源共享工程县级支中心 279.93 万元、文化信息资源共享工程基层服务点 298.90 万元、连队综合文化活动室 688.54 万元、社会福利机构 75.03 万元、卫生室 207.00 万元、警务室 108.50 万元、会计核算中心 279.77 万元、绿化队 79.82 万元、机关后勤管理站 375.00 万元、气象站 14.00 万元、计划生育服务站 18.00 万元。

第八师城市维护和基础设施建设项目的主要内容包括市政维护、城市基础设施建设和服务类项目。其中：市政维护包括市政道路、路灯、绿化、环卫设施、公共设施的维护等内容；市政建设包括市区道路、园林、城市综合配套、环卫设备购置、交通设备购置、交通设施建设、市政管网改造及老城区基础设施改造等内容；服务类设施建设包括广场改造、公交车站、新建改建公厕、街头绿地景观造型、老小区道路、照明、绿化等室外配套改造及居住建筑供热计量节能改造等项目。2009～2011 年，财政预算内投入的城镇运行维护费用由 6352 万元增至 17884 万元，2012 年达到 27630 万元，预计今后几年城镇运行维护费用都将保持在高投入的水平。

目前第八师城镇区域快速扩张，交通运输便捷，邮电通信发达，商贸流通活跃，旅游信息等新产业逐步兴起，尤其是生态保护成就斐然，城市建城区绿化覆盖率达 42.2%。城市各项配套设施完备，2011 年年底，市区供水综合生产能力达 24.80 万立方米/日，年供水总量

6354 万立方米，自来水普及率和水质合格率均为 100%；管道天然气用户 12.31 万户，供气总量 2.66 亿立方米，燃气普及率 99%；城市集中供热面积达 1307 万平方米；城市道路总长度 581 公里，道路面积 703 万平方米，人均城市道路面积 26.45 平方米；有公交运营车辆 496 辆，运营线路总长度已达 460 千米；有城市出租汽车 1196 辆；有市容环卫专用车辆 83 辆，生活垃圾处理率 100%；城市排水管道长度 300 千米，污水处理厂处理污水能力达 1420 万立方米。园林绿地 1027 公顷，其中公园绿地 289 公顷，人均公园绿地面积 10.87 平方米。

随着城市化进程的加快和城市改革的深入，社区承担的社会职能不断增多，工作缺经费、活动少场所、人员待遇难保障等问题，日益成为制约社区发展的"瓶颈"。针对这一情况，第八师财政部门加大经费投入，改善基础设施，保障社会工作者待遇，积极探索建立社区运转保障机制，为提升社区党建和社区建设整体水平奠定了基础。由表 3-9 可知，城镇建设开支在 2009~2012 年，逐年稳定增长。城镇建设融资渠道涵盖城市维护建设税、市场化运营收入、贷款以及税收返还等，在兵团地区中，无论是融资渠道还是融资能力，都名列兵团前列。表 3-9 统计数据显示，第八师城镇建设资本构成中银行贷款是比重最大的融资来源，且不断增加，2009 年贷款额为 12733 万元，2011 年贷款额增至 14883 万元；市场化运营收入和税收返还两部分资金来源，分别由 2009 年的 6831 万元、5842 万元增加至 2011 年的 7668 万元、6876 万元；城市维护建设税也是城镇建设的重要资金来源之一，尽管在其他资金来源中所占比重较小，但城市维护建设税的大小从另一层面上体现着城市发展的成熟能力。

表3-9 第八师城镇运维资本供需情况

单位：万元

年份	税收返还	城市维护建设税	市场化运营收入	贷款
2009	1877	325	6831	12733
2010	1945	352	7175	13152
2011	4998	372	7668	14883
合计	8820	1049	21674	40768

表3-10中，第九师城镇建设资金来源主要包括市场化运营收入、自有财力以及银行贷款三部分。其中：银行贷款是融资渠道中规模最大的部分，且不断增加，由2009年的3470万元增加到2011年的4439万元；城镇建设资金第二来源为自有财力，截至2011年，第九师自有财力达3316万元，与2009年比增加近1000万元；市场化运营收入对城镇建设中的资金供给能力较小，但2009~2011年间增速较快，是融资渠道中增长最明显的部分。此外，第九师基础设施维护运行费629.11万元，其中：供水管道维修费28.20万元，供水收入18.70万元，资金缺口9.50万元；污水处理支出13.00万元，排污收入2.00万元，资金缺口11.00万元；集中供热支出为327.10万元，供暖收入175.00万元，资金缺口152.10万元；市政照明支出79.51万元；垃圾填埋支出17.00万元；道路养护58.00万元；卫生费收入2.40万元，环卫保洁成本52.00万元，环卫保洁资金缺口49.60万元；园林绿化支出54.30万元。供水管道维修管理中，每年需维修人工400个，每个人工80元，计3.20万元，维修费10.00万元，机力费5.00万元，材料费10.00万元，共计28.20万元。

表 3 - 10　第九师城镇建设资金供需情况

单位：万元

项　目	2009 年	2010 年	2011 年
合计	6091	7018	8299
市场化运营收入	222	329	544
自有财力	2399	2756	3316
银行贷款	3470	3933	4439

供水收入 18.7 万元，企业补贴自筹资金 9.50 万元。污水处理收费标准为每用 1 立方米水收取 0.10 元，年收入 2.00 万元。维修材料及人工需 13.00 万元，其余为企业补贴自筹资金。锅炉用煤 7644 吨，计 180.00 万元。用于暖气供水化学原料 54 吨，计 94.30 万元。用于暖气管道维修人工 950 人次，计 7.60 万元；锅炉用电 56 万度电，计 32.2 万元。由于管道老化，很多材料已埋地下很久，都已经腐朽，故修理消耗材料 13.00 万元，共计 327.10 万元。供暖收入：供暖面积 7.9 万平方米，其中：个人楼房供暖面积 5 万平方米，计 100.00 万元；办公及公共场所供暖面积 2.9 万平方米，计 75.00 万元，共计暖气费收入 175.00 万元。集中供热成本为 327.10 万元，暖气费收入 175.00 万元，企业补贴自筹资金达 152.10 万元。每天垃圾填埋约 10 立方米左右，要运到较远的干沟处挖坑填埋，挖坑填埋用机力费 15.00 万元，其他材料约 2.00 万元，企业补贴自筹资金总计 17.00 万元。环卫保洁管理中，年修理费及保险约 1.50 万元，2 辆车约 6 万元，共计 16 万元，企业补贴自筹资金共计 52 万元。社区收取卫生收入 2.40 万元。环卫保洁成本 52 万元，企业补贴自筹资金共计 49.60 万元。园林绿化管理中，城镇绿化面积约 13 万平方米，采用滴灌浇水，计 26 万元；每年用于买花进行城镇美化费用，计 15 万元；用于人工及割草机、滴

灌材料等计 10.30 万元，企业自筹资金共计 54.30 万元。

第十师城镇基础设施建设主要内容包括城市引水工程、道路工程、集中供热工程、排污、电力、垃圾处理等基础设施项目建设。近年来，根据第十师发展规划的要求，为进一步推进"三化"建设，实现第十师跨越式发展和长治久安，第十师在国家和兵团的一系列政策的支持下，坚持科学规划的原则，积极争取项目，拓展融资渠道，实施城市基础设施和公共服务设施建设，城市环境面貌、公共服务基础设施得到不断改善。

目前，第十师按照"新区开发、老城提升、两翼展开、整体推进"的发展思路，加大城市市政基础设施、公用设施建设力度，一批事关长远发展和国计民生的工程正稳步推进，以提升城市承载功能。面临的问题是城市基础设施建设任务艰巨，同时资金缺口也较大。建设用地 59.47 平方千米，人口 10 万人，以居住和服务功能为主。积极改造和完善现有公共服务设施，建成城市商业副中心，建设城市行政中心、商业中心和文化体育中心，打造全市和区域的服务中心。依托火车站建设站前商贸物流区，使之成为阿勒泰地区的物流中心和商品交易中心。南侧以工业功能为主，重点发展农副产品和畜产品加工等无污染、少污染的工业，积极争取条件设立出口加工区。

按照"以新型城镇化、新型工业化和农业现代化"的发展要求，师市各团场大力推进城镇化进程，团场小城镇公共基础设施从无到有，逐步发展并完善，小城镇建设的框架已基本形成，已形成行政区、商业区、活动区、住宅区四大功能区。实施了城镇道路、给排水工程、集中供热工程、小城镇亮化、绿化、美化和净化工程，安装了路灯，种植了白蜡、云杉等景观树和草坪；修建了活动广场长廊和园林建筑，购买了洒水车、垃圾车、垃圾箱，改造了团部厕所等，团部小城镇建设初具规模。通过改善团场的社会环境,挖潜、盘活存量土地与生态资源,构造现代化的生活空间和商服空间环境,把团场建设成功能完善、布局合理、社会和谐、生态友好、西部风情浓郁的生活小镇。

2009～2011 年师(团)社区运转支出分别为 715.41 万元、1133.32 万元、1385.06 万元。其中:师市本级社区运转支出分别为 106.96 万元、110.95 万元、126.07 万元;团场、社区运转支出分别为 608.45 万元、1022.37 万元、1258.99 万元。2012 年师(团)社区运转需求 1895 万元。其中:师市本级社区运转支出 142 万元;团场社区运转支出 1753 万元;社区运转支出呈逐年刚性增长趋势。目前,城市社区纳入师市本级预算,但保障水平较低,团场社区均未纳入财政保障范围。随着团场城镇化建设、连队集并,社区功能的逐步完善,团场社区运转的支出还会增加。

如表 3－11 所示,2009 年,师(团)城镇运行维护支出为 8323.98 万元,资金来源由中央财政划拨 980.76 万元、市场化运营收入 1037.92 万元、师(团)自筹收入 6305.30 万元组成,其中主要用于城镇基础设施运维 5089.51 万元、社区运转 715.41 万元、其他公共服务机构运行经费 2519.06 万元。2010 年,师(团)城镇运行维护支出为 11398.86 万元,资金来源由中央财政划拨 2891.79 万元、市场化运营收入 1309.30 万元、师(团)自筹收入 7197.77 万元组成,其中主要用于城镇基础设施运维 7522.84 万元、社区运转 1133.32 万元、其他公共服务机构运行经费 2742.7 万元。2011 年,师(团)城镇运行维护支出为 16125.79 万元,资金来源由中央财政划拨 3683 万元、市场化运营收入 2047.51 万元、师(团)自筹收入 10395.28 万元组成,其中主要用于城镇基础设施运维 11630.98 万元、社区运转 1385.06 万元、其他公共服务机构运行经费 3109.75 万元。2009～2011

年师市本级城镇运行维护支出分别为 2123.07 万元、3000.39 万元、3907.29 万元；团场城镇运行维护支出分别为 6200.91 万元、8398.47 万元、12218.5 万元。2012 年，师（团）城镇运行维护支出需求为 19290 万元，其中主要用于城镇基础设施运维 13391 万元、社区运转 1895 万元、其他公共服务机构运行经费 4004 万元。

表 3 – 11　第十师城镇建设运维资金供需情况

单位：万元

年份	市场化运营收入	自筹	中央财政划拨
2009	1037.92	6305.30	980.76
2010	1309.30	7197.77	2891.79
2011	2047.51	10395.28	3683.00
合计	4394.73	23898.35	7555.55

建工师是兵团唯一一个建筑工程师，其主要业务范围包括：勘察设计、建筑科研、工程施工、建设咨询服务、建材生产、设备安装、房地产开发等。辖区面积 3.3 平方公里，全师占地面积 11343 多平方米，共有 15228 户、45626 人，其中少数民族职工群众 1173 人。全师在职职工 12000 余人，离退休人员 10164 人。辖区内常年流动人口约 2.5 万人，工程项目工地年使用劳务工约 2.8 万人，在海外施工人员已达 4000 余人。从事个体和私营经济及其他非公经济的人员 2000 余人。建工师下辖的 8 个社区、26 个居民小区分布在乌鲁木齐市的 6 个行政区和 1 个县中。为推进城镇化建设，建工师先后投入 2300 多万元，加强辖区基础设施建设，改善生活环境条件，建设社区办公用房总面积达 9513.7 平方米。建立了社区警务、党建、医疗卫生、民政救助、社保、老龄等工作机构，配备了电脑、传真机等现代化办公设备，

建成了图书阅览室、棋牌室、党员远程教育中心和爱心慈善超市，开展了"一站式"便民服务。对社区进行绿化、亮化和美化，绿化面积 33.4 万平米，绿化率 28%。辖区内有农贸市场 4 个。

建工师城镇建设中资金供需状况如表 3 – 12 所示。由表可知，2009～2011 年间，第一师城镇运维支出由 2476.07 万元增加至 3468.50 万元，在兵团各师（团）城镇建设支出中处于大幅落后地位。城镇运维项目包括基础设施运行维护、社区运行、公共服务机构三项。融资渠道基本依赖于自筹经费，其中：2010 年自筹经费为 2476.07 万元，与当年度城镇运维支出相等；2011 年，自筹经费增加至 3468.5 万元，相当于当年度城镇建设支出费用。建工师在兵团城镇建设投入以及融资渠道方面能力较小，落后于兵团其他师。

表 3 –12 建工师城镇建设运维资金供需情况

单位：万元

2009 年	2010 年		2011 年	
开支金额	自筹	开支金额	自筹	开支金额	自筹
2476.07	2476.07	2919.90	2919.90	3468.50	3468.50

第十二师现有社区 24 个，其中团场小城镇社区 21 个，企业社区 3 个。社区工作人员 214 人，居民总人数 84695 人，社区承担着社会综合治理、流动人口管理、计生工作、人口信息采集、民事纠纷调解、环境卫生（保洁保绿）、市场管理、城建监察、城镇绿化美化建设、垃圾清运处理、公共卫生、房产管理、路政交通管理、公路养护、公路交通安全管理、福利院、城镇建设的拆迁、殡仪馆的服务管理、客运站管理等职能。2011～2012 年，第十二师在西郊三场、二二一团、西山农牧场实施了连队整合安置工程，3 年规划建设连队整合保障性

安居工程 443.04 万平方米，截至目前实际开工 170.4032 万平方米，截至 2012 年年末竣工 96.97 万平方米，完成施工产值近 30 亿元，现已有 904 户职工家庭搬迁入住。连队整合保障性住房建设项目是该师有史以来一次性建设规模最大、进度最快、投资最大的建设项目。

与其他师（团）场城镇资金来源相比，第十二师城镇建设资金融资渠道较为单一，且融资规模较小。第十二师市场化运营收入主要是集中供热收入、水电站和水管所收入、物业公司收入（含环保、绿化）。如表 3-13 所示，2009 年城镇运行开支费用 2102.32 万元，其中，城镇基础设施运行费用 861.99 万元、社区运行维护费用 521.13 万元、未纳入财政供养范围公共服务机构费用 719.20 万元。经费来源中财政拨款 153.66 万元，市场化运营收入 750.70 万元，团场自筹 1197.96 万元。2010 年，城镇运行开支费用 2526.06 万元，其中：城镇基础设施运行 992.02 万元、社区运行维护 580.36 万元、未纳入财政供养范围公共服务机构 953.68 万元。经费来源中财政拨款 462.91 万元，市场化运营收入 888.18 万元，团场自筹 1175 万元。2011 年，城镇运行开支费用 3435.44 万元，其中：城镇基础设施运行 1281.82 万元、社区运行维护 979.03 万元、未纳入财政供养范围公共服务机构

表 3-13　第十二师城镇建设资金供需情况

单位：万元

年份	市场化运营收入	自筹	中央财政
2009	750.70	1197.96	153.66
2010	888.18	1174.93	462.91
2011	1131.86	1646.55	657.47
合计	2770.74	4019.44	1274.04

1174.59 万元；经费来源中财政拨款 657.47 万元，市场化运营收入 1131.86 万元，团场自筹 1646.55 万元。2012 年，第十二师城镇运行开支费用 4705 万元，其中：城镇基础设施运行 1799 万元、社区运行维护 1344 万元、未纳入财政供养范围公共服务机构 1572 万元。

第十三师城镇建设中资金供需状况如表 3 - 14 所示，2009 ~ 2011 年，第十三师城镇运维支出由 6235.043 万元增加至 16515.608 万元，在兵团各师（团）城镇建设支出中处于较为先进地位。城镇运维项目包括基础设施运行维护、社区运行、公共服务机构三项。融资渠道包括中央财政拨款、银行贷款以及团场补贴三部分，其中，2009 年团场补贴 5064.354 万元，是第十三师城镇建设资金的主要来源。2011 年，团场补贴增加至 11319.970 万元。银行贷款总额由 2009 年的 678 万元增加至 2010 年的 900 万元，2011 年土地出让金替代银行贷款，成为城镇建设第二大资金来源，融资额达 3088 万元。中央财政拨款在 2009 ~ 2011 年由 492.689 万元增加至 2107.638 万元，增速最为明显。

表 3 - 14 第十三师城镇建设资金供需情况

单位：万元

年份	贷款	团场补贴	中央财政	土地出让金
2009	678	5064.354	492.689	0
2010	900	6874.590	905.828	0
2011	0	11319.970	2107.638	3088
合计	1578	23258.914	3506.155	3088

近年来，第十四师进一步加大城镇化建设力度，依托城镇推进新型工业化和农业产业化建设，积极构筑跨越式发展平台。按照"人口

向城镇集中，产业向园区集中，农业向产业化集中"的发展理念，不断加强城镇基础设施建设，该师 4 个小城镇，即四十七团昆仑镇、皮山农场阿其玛克镇、一牧场巴什土格镇、二二四团玉山镇，各项基础设施建设不断完善，小城镇载体功能得到提升，建成城镇区面积 272.81 平方千米，4 个小城镇道路网基本形成，给水、排水、供暖等公共工程逐步完善，行政办公、学校、医院、通信、电力、有线电视等服务体系逐步建立。1998 ~ 2005 年，投资 8617 万元，改造危旧住房 4018 户，建筑面积 23.30 万平方米。2008 ~ 2009 年，投资 1.1 亿元，完成廉租住房建设 1900 户，建筑面积 14.30 万平方米。第十四师依托城镇化，引导产业向工业园区集中，工业园区向城镇集中，在改善城镇面貌，增强城镇载体功能的同时，促进了新型工业化和农业产业化发展。第十四师依托城镇设立了皮墨、沙驼、玉河 3 个工业园区，目前，新型建材、食品、节水器材、建筑、棉花加工等各类企业增长至 24 家。

第十四师按照"规划先行、经营城镇、项目带动"的路径，多渠道筹集资金用于城镇建设。2009 年以来，第十四师小城镇基础设施建设完成投资 9800 万元，建成城镇道路面积 6.24 万平方米，城镇绿化覆盖率 25.5%，城镇人均公共绿化面积 9.5 平方米；建成水厂 4 座，完成供水管网 104 千米，供水综合能力达 2.5 万立方米/日；供热管网 26.37 千米，供热能力 46 兆瓦，集中供暖建筑面积 22.09 万平方米。建成并已投入使用的污水处理厂 4 座，日处理污水 2300 立方米，排污管网长 49.87 千米。城镇建设资金全部来自于师（团）场自有财力，2009 年师（团）场自有财力供给为 1489.804 万元，截至 2011 年自有财力攀升到 2953.38 万元（如表 3 - 15 所示）。

表 3 – 15 第十四师城镇建设资金供需情况

单位：万元

2009 年		2010 年		2011 年	
开支金额	自有财力	开支金额	自有财力	开支金额	自有财力
1489. 804	1489. 804	1798. 314	1798. 314	2953. 380	2953. 380

第三节 兵团城镇化建设中资金供需总体状况

一、兵团城镇化建设中的资金流向

2009～2011 年，兵团城镇运行维护支出年均增长率为 39.5%，而同期兵团自有财力年均增长率仅为 19.2%。根据调研情况，2009～2011 年，五家渠市城镇运维支出年均增长率为 78%，而同期其财政收入年均增长率为 65%；石河子市城镇运维支出年均增长率为 33%，而同期其财政收入年均增长率为 31%；北泉镇城镇运维支出年均增长率为 42%，而其自有财力年均增长率为 31%；芳草湖总场城镇运维支出年均增长率为 6.6%，而同期自有财力年均递减 60%；143 团城镇运维支出年均增长率为 8.7%，而其自有财力年均递减 30%。

由于兵团体制特殊及有关政策原因，真正能够筹集使用的资金甚少，无法保证城镇运行维护支出的需要。一是城市维护建设税收返还数额有限，且存在师域间不均衡情况。2009～2011 年，兵团缴纳城市维护建设税数额分别为 19246 万元、22324 万元、28303 万元，其中绝大部分为建市的第八师、第一师、第六师所交。自治区返还税收时，2009 年返还兵团城市维护建设税 3417 万元（其中，第一师 378 万元、第六师 66 万元、第八师 1684 万元）；2010 年返还兵团城市维护建设税 6051 万元（其中第一师 296 万元、第六师 61 万元、第八师 3976 万元）。二是国有资本经营收益管理虽已通过制度规范，但兵团本级此项收益十分有限，且有专门用途，无力解决兵团各级城镇运行维护费用。根据原《兵团国有资本收益管理办法》，2009～2011 年兵团本级国有资本经营收益分别为：18176 万元、22877 万元、28137 万元。2013 年修订办法后，兵团本级此项收入增量不足 2 亿元，主要用于支持兵团产业发展，难以安排城镇运行维护支出。

随着城镇运行维护经费支出规模庞大且不断增长，兵团自有财力无法承担全兵团的城镇运转支出。无论是兵团还是地方，一致认为城镇运行维护和社区管理均属于公共事务范畴，应当纳入公共财政保障范围。从实际情况看，经费有了保障，城镇才能正常运转，社区才能富有活力。相反，城镇发展萎缩，社区管理也乏力。由此可见，如果没有稳固的经费保障，兵团城镇化进程将会举步维艰，中央赋予的战略任务也将会难以实现。2011 年，兵团城镇基础设施运行维护费用，扣除市场化运营收入抵补后的支出总额为 50847 万元，其中：供水 2682 万元、污水处理 2232 万元、集中供热 10675 万元、垃圾填埋 3000 万元、道路养护 11475 万元、市政照明 4614 万元、环卫保洁 7650 万元、园林绿化 8519 万元。

兵团各地区社区管理运行经费 33341 万元。兵团现有社区共计 837 个（其中，居民人口在 3000 人以上的社区 331 个、居民人口在 3000 人以下的社区 506 个），社区工作人员 5525 人。2012 年，社区运行管理费用 33341 万元，其中，社区工作人员经费 22100 万元；社区管理经费 7358 万元；专职人员岗位补贴经费 2431 万元；居民委员会选举经费 280 万元；社区干部培训经费 1172 万元。

此外，其他公共服务机构运行经费 67825.50 万元。①文化服务机构运行经费 58464 万元。其中，175 个团场综合文化中心运行经费 4839 万元，中央财政 2011 年公共文化服务体系保障经费已安排了 116 个团场文化中心 1856 万元，经费缺口 2983 万元；175 个文化信息资源共享工程县级支中心运行经费 9625 万元；2200 个连队综合文化活动室运行经费 11000 万元，中央财政 2011 年公共文化服务体系保障经费安排了 43 个文化站 172 万元，经费缺口 10828 万元；2200 个文化信息资源共享工程基层服务点运行经费 33000 万元。②学前教育机构运行经费 5861.50 万元。2010 年，兵团团场幼儿园平均每园运行经费支出 60.50 万元，其中财政拨款 23.50 万元，经费缺口 37 万元。社会福利救助机构运行经费 5801 万元，包括基本设施更新费用 3960 万元；工作人员工资福利经费 1753 万元；管护人员培训费用 88 万元。③消防设施管理机构运行经费 3500 万元。

兵团师部城区和团场城镇在辖区内独立承担城镇建设管理职能，每年缴纳的城市维护建设税约 1.4 亿元，但没有用于团场城镇维护建设。城镇基础设施建设维护资金来源主要靠团场以自筹等方式解决，团场农业效益不稳定，加之部分资产负债率高，城镇维护建设费用给团场带来较大经济负担。近几年，随着兵团城镇化进程加快，基础设施一次性投入不断加大，市政公用行业服务需求不断增加，基础设施建设运行量较大，后期设施设备维护及运营费用严重不足。随着兵团城镇化步伐加快，资金缺口进一步加大。

二、兵团城镇化建设中的投资状况

从表 3 – 16 可以看出：兵团社会固定资产投资总额逐年增加，2005 年全社会固定资产总额 1372367 万元，到 2012 年全社会固定资产投资额达到 10393354 万元。同时，对各个产业的固定投资额在 2005 ~ 2012 年都呈上升趋势。但是，我们可以看到，第二产业、第三产业的投资额明显要高于第一产业的投资额。资金的投入可以提高第二产业、

表 3 – 16   2005 ~ 2012 年全社会固定资产投资及构成

单位：万元、%

年份	投资总额	第一产业投资额	第二产业投资额	第三产业投资额	第一产业投资比例	第二产业投资比例	第三产业投资比例
2005	1372367	291324	395231	685812	21.2	28.8	50.0
2006	1530067	352619	485149	692299	23.1	31.7	45.2
2007	1896156	370202	815803	710151	19.5	43.0	37.5
2008	2359518	341029	1052493	965996	14.5	44.6	40.9
2009	3184664	363353	1481274	1340037	11.4	46.5	42.1
2010	4482739	391574	2304709	1786456	8.7	51.4	39.9
2011	6835110	501787	3654880	2678443	7.3	53.5	39.2
2012	10393354	621691	5004192	4767471	6.0	48.1	45.9

第三产业资源配置的效率，促使产业结构更加合理化，使一些新兴产业得到更好的发展。通过资金的引导，从而促使城镇产业部门和地区结构更加合理化。同时，城镇已有的产业也会加快调整自身的发展步伐，而且在这一过程中又会出现由这些产业作为基础的新兴城镇，进而加快城镇化的步伐。由表 3 – 17 可知，兵团各师固定资产总额中，第八师、第六师和第一师分别以 2380996 万元、2026995 万元与1092270 万元的总额，占兵团固定投资总额的 22.91%、19.50%、

10.51%，排在兵团各师固定投资额的第一位、第二位、第三位。其余的第二师、第三师、第四师、第五师、第九师、第十师、建工师、第十三师、第十四师、国资公司、供销公司、兵团直属固定投资比重均小于6%，说明兵团固定资产投资流向相对集中于经济发展较快、社会经济环境较好、城镇化程度较高的师（团）场。同时，兵团落后地区原本经济实力薄弱，然而在全社会固定资产投资中又无法占到有利的位置，因此这些地区的经济社会发展进程将更加缓慢，与兵团经济社会发展较快地区之间差距将会持续拉大。

表3-17　2012年兵团各师固定资产投资总额及其比重

单位：万元、%

各师	投资额	比重
第一师	1092270	10.51
第二师	480008	4.62
第三师	504400	4.85
第四师	584125	5.62
第五师	450943	4.34
第六师	2026995	19.50
第七师	991513	9.54
第八师	2380996	22.91
第九师	212711	2.05
第十师	243855	2.35
建工师	182591	1.76
第十二师	742792	7.15
第十三师	372003	3.58
第十四师	80086	0.77
国资公司	20940	0.20
供销公司	400	0.00
兵团直属	26726	0.26
总计	10393354	100

三、金融机构对兵团城镇化进程中重点企业的贷款情况

重点企业在兵团城镇化过程中具有促进的作用。企业良好地发展，可以就近吸纳许多团场剩余劳动力，这一过程促进农业人口不断地向非农业人口过渡，并逐渐使其成为真正的城镇人口。但是，兵团重点企业的发展不仅需要政策上的扶持，更为重要的是资金上的支持，尤其是在企业的起步阶段，资金就显得尤为重要。因此，兵团良好的金融环境对重点企业的发展具有至关重要的作用。我们可以通过表3－18来分析主要金融机构对兵团重点企业的资金支持状况。

表3－18　2006～2012年主要金融机构对兵团重点企业的资金支持比率表

单位：%

年份	国开行	农发行	工商银行	农业银行	兵团农行	中国银行	建设银行	交通银行
2006	5.02	22.26	1.69	11.22	24.84	7.41	15.87	4.48
2007	11.26	17.67	2.56	10.92	20.32	5.92	16.42	5.10
2008	14.11	15.89	3.07	8.30	18.35	6.84	13.85	5.06
2009	21.68	6.30	2.58	5.76	17.79	8.73	16.92	4.54
2010	18.82	5.23	3.06	4.88	18.72	9.73	13.93	3.98
2011	16.16	16.13	3.31	3.43	16.52	7.87	11.33	3.42
2012	13.08	10.75	3.06	3.42	18.00	7.73	12.35	4.03

从表3－18中可以看出，在几家主要支持兵团重点企业发展的金融机构中：①兵团农行、国家开发银行和建设银行是对兵团重点企业资金支持的主要稳定来源，其每年对兵团重点企业发展的资金支持占所有金融机构资金支持的比重基本维持在14%和18%之间；②农业发展银行对兵团重点企业的支持力度也很大，但是其稳定性较差；③中国银行、交通银行所占比例较小，每年基本维持在7.7%和4.5%左右；④工商银行对兵团重点企业的支持力度较小，但是2006～2012年

基本呈现出逐年递增的趋势，其所占比例年均增长 10.44%，而农业银行的贷款份额呈现出逐年递减的趋势，年均递减 17.96%。

四、兵团金融支持城镇化进程中的问题

第一，除石河子市等建制市镇外，兵团绝大多数城镇都是非建制的，不享受国家有关城镇建设的资金和政策配套。城镇财政体系、制度不完整。兵团工矿企业、农牧团场虽然把税收都上缴所在地政府，但由于兵团与地方管理体制的条块分割和利益冲突，地方政府很少安排资金用于兵团城镇建设。兵团小城镇缺乏非农产业的经济支撑，经济落后，财力不足，小城镇建设投入难以为继。

第二，兵团是党政军企合一的特殊组织，既要缴纳税收，又要承担政府的公共服务职能，造成师、团以及职工个人负担沉重，难以保障必要的资金投入到城镇建设方面。

第三，兵团小城镇大都地处"风头"、"水尾"、沙漠边缘，交通闭塞，远离中心城市，造成交通、物流等城镇建设成本居高不下。

第四，由于管理体制等多方面原因，兵团企业缺乏市场机制，融资渠道不畅，亏损比例较高，城镇建设的自我积累能力弱化。

第五，兵团小城镇建设对公共投入依赖过大，民营资本投入较少，投资主体单一，招商引资效果不好。

因此，由于大部分兵团师部和团场未设建制市（镇），没有政府行政管理权限和财政收支体系，导致固定资产投资资金短缺，兵团城镇的财权与事权分离，缺乏必要的资金投入和自我积累能力，难以适应城镇建设和经济发展的现实需要，这成为制约兵团城镇发展的重要体制性因素。

第四章　兵团城镇化建设中金融支持实证分析

在城镇化的进程中，金融往往扮演着很重要的角色，对城镇化的发展具有举足轻重的作用。本章针对兵团未建市的师（团）构建基于静态面板数据的、金融支持城镇化建设的计量经济模型，而针对兵团已建市的师（团）以第八师石河子市为例构建基于向量自回归（VAR）时间序列模型，讨论金融支持对城镇化建设的作用，最后结合分析结果找出兵团不同类型城镇化建设中金融支持存在的问题。

第一节　模型构建

本节从兵团的实际情况出发，将兵团现有的师（团）分为有建制市（镇）的师（团）和没有建制市（镇）的师（团）两部分，进而结合相应的金融支持城镇化建设情况进行模型构建。

一、金融支持兵团城镇化建设的模型选择

本章希望通过分析得到金融发展能够促进兵团城镇化建设的结论，即两者之间存在因果关系。因此在模型选择上，对于兵团没有建制市（镇）的师（团）选取静态平衡面板计量经济模型进行分析；而对于兵团有建制市（镇）的师（团），由于在数据收集时只能获得石河子市的相关数据，因此选择时间序列的实证方法，通过时间序列的单位根检验、向量自回归 VAR 时间序列模型、Granger 因果检验来分析金融发展对兵团有建制市（镇）镇化建设的作用。

二、变量选择与数据来源

以往大多数研究选用人口城镇化率（UR＝城镇人口占总人口的比重）来衡量一个国家或地区的城镇化水平，城镇化水平越高，人口城镇化率越高，两者之间呈同向变动的关系。本章在具体构建计量经济学模型以及选取衡量城镇化发展水平的指标时，与以往研究不同，没有选择人口城镇化率指标，没有选取前文所提的城镇化综合测评指标，而是选择收入城镇化率（URE＝第一产业总产值/GDP）来衡量城镇化发展水平。在该指标下城镇化水平越高，收入城镇化率越低，二者之间呈反向变动的关系。之所以选择这个指标，一方面是因为城镇化发展水平不仅仅表现在城镇人口的增长，更重要的是兵团职工收入的增加，职工的家庭收入包括农业收入和非农收入两部分，当非农收入占职工家庭收入的绝大部分时，多数职工会自愿选择从事农业之外的其他产业，与土地发生分离，这从某种意义上意味着职工向城镇人口身份的转移；另一方面该指标与前文所提城镇化综合测评指标相比，除了能剔除专家主观意识对城镇化测评数据的影响以外，还能与在描述

兵团总体城镇化发展水平时的城镇化综合测评指标做到相互印证，所以本章选择收入城镇化率来衡量兵团的城镇化水平。

在选择衡量金融支持兵团城镇化发展的指标时，从兵团城镇化建设的实际情况出发，同样分为兵团有建制市（镇）和兵团没有建制市（镇）两大类指标进行衡量。对于兵团没有建制市（镇）师（团）的金融支持城镇化建设的指标选取上，本章首先选择金融相关率（FIR）来衡量金融体系发展规模指标。金融相关率由戈德史密斯[①]在 1969 年提出来的，其原先的定义是指某一时点上现存金融资产总量与国民财富之比，其完整的表达式为（M2 + L + S）/GDP，式中 M2 表示金融系统的货币存量，L 表示金融机构的各类贷款，S 表示金融市场中的有价证券。由于兵团金融市场发展缓慢，现阶段除了银行存、贷款业务外，证券等金融产品几乎不存在，同时限于数据收集时各师银行存款数据难以获得，所以：①本章简单地使用贷款总量来代替兵团各师金融资产总量，值得说明的是，这一部分我们将兵团各师的贷款总量具体分成了农业贷款总量、工业贷款总量和第三产业贷款总量，具体分析金融支持兵团不同产业发展对兵团各师城镇化建设的作用；②选用了固定资产投资指标反映固定资产投资对兵团各师城镇化建设发挥的具体作用。对于兵团有建制市（镇）的师（团），除了选择金融相关率（存款与贷款之和/GDP）、固定资产投资外，还选择了金融机构贷款余额与存款余额的比值，以及各项与城镇化建设有关的税收。具体包括资源税、城市维护建设税、房产税、城镇土地使用税以及土地增值税来衡量兵团有建制市（镇）的金融体系发展对城镇化建设的作用。以上所用数据均由《兵团统计年鉴》、《新疆统计年鉴》、《新疆财

---

① 戈德史密斯. 金融结构与金融发展［M］. 上海：上海三联书店，1990.

政年鉴》及《石河子市统计年鉴》经过手工收集所得。

第二节 兵团不同类型城镇化建设与
金融支持效率的实证检验

一、兵团非建制市(镇)师(团)金融支持城镇化建设效率实证检验

(一) 模型构建

兵团没有建制市(镇)的师(团)共有14个,其中建工师主要以建筑业为主,其第一产业在整个国民经济体系中所占的比重几乎为零,因此在进行分析时本章并没有将建工师纳入分析样本之中,而是以其他13个师为研究样本,2006~2012年为时间跨度构建平衡面板数据。在具体模型构建时,以各师当年第一产业总产值与GDP的比值代表衡量城镇化率指标,具体用URM表示;同时为消除货币时间价值以及不同量纲对模型的影响,以各师当年固定资产投资与GDP的比值代表衡量固定资产投资影响城镇化建设的指标,具体用FIX表示;以各师当年贷款总数与GDP的比值代表金融支持城镇化建设的指标,具体用L表示;为进一步说明问题还将各师贷款总额具体分成农业贷款总额、工业贷款总额和第三产业贷款总额,并用它们分别除以当年GDP总额来反映金融支持产业发展进而对城镇化建设的影响,具体分别用L1、L2和L3表示。模型具体构建如下:

$$URM_{it} = \alpha + \beta_1 FIX_{it} + \beta_2 L_{it} + \varepsilon_{it} \tag{1}$$

$$URM_{it} = \alpha + \beta_1 FIX_{it} + \beta_2 L1_{it} + \beta_3 L2_{it} + \beta_4 L3_{it} + \varepsilon_{it} \qquad (2)$$

（二）描述性统计

在进行描述性统计分析之前我们首先通过图表的方式具体分析兵团各师在 2006～2012 年城镇化率的变化情况，如图 4－1 所示。

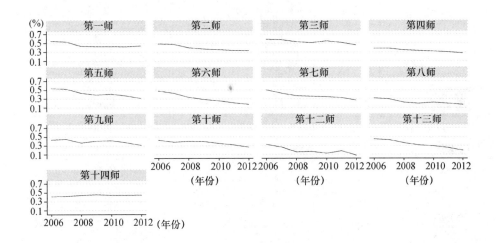

图 4－1　2006～2012 年兵团各师城镇化率概况

由图 4－1 可知：①由于所选择的兵团城镇化率指标是一项逆向指标，所以总体上看 2006～2012 年兵团各师的城镇化水平基本上呈现出逐步提升的趋势；②地处南疆的第一师、第二师、第三师和第十四师的城镇化发展较为缓慢，其中，2006～2012 年，第一师和第三师的城镇化率基本的发展趋势是从 0.5 向 0.4 发展，第二师的城镇化率稍好，从 0.5 向 0.3 发展，而第十四师的城镇化率则基本没有发生变化；③第八师和第十二师的城镇化率发展较快，2006～2012 年逐渐从 0.3 向 0.1 方向发展；④第四师、第七师、第九师和第十师的城镇化发展水平虽然也处在 0.5～0.3 的区间内，但其发展速度较南疆各师要快许多；⑤第六师和第十三师的城镇化率发展速度较快，经过"十一五"的发展，截至 2012 年已基本从 0.5 的行列进入 0.2 的行列。

表 4-1 非建制市镇金融支撑指标描述性统计

变量	平均值	标准差	中位数	四分位数上限	四分位数下限	最小值	最大值
样本数：n = 91							
城镇化率（URM）	0.3663	0.1094	0.3735	0.4391	0.3028	0.0813	0.5858
固定资产投资（FIX）	0.3185	0.1355	0.2761	0.4005	0.2123	0.1374	0.7863
金融相关率（L）	0.2785	0.1952	0.2310	0.3644	0.1408	0.0304	1.0469
农业贷款率（L1）	0.1164	0.0890	0.0905	0.1729	0.0547	0.0000	0.4170
工业贷款率（L2）	0.0746	0.0930	0.0359	0.1049	0.0109	0.0000	0.4450
第三产业贷款率（L3）	0.0798	0.1490	0.0277	0.0863	0.0024	0.0000	1.0469

从表 4-1 描述性统计结果可以看出，城镇化率的均值和中位数分别为 0.3663 和 0.3735，说明 2006~2012 年兵团各师的城镇化率基本维持在 0.36 左右的水平上，其中城镇化率的上四分位数为 0.4391，下四分位数为 0.3028，说明有 75% 以上的师（团）其城镇化率超过 0.30，只有 25% 的师（团）其城镇化率在 0.44 以上。考虑到我们所用的城镇化率指标是一个逆向指标，所以综合而言兵团城镇化的发展速度在"十二五"时期已经有了较大的提升。

整体而言，城镇化水平发展较为均衡但也出现了较为极端的现象，城镇化发展最好的地区已经达到 0.08，而最差的还在 0.58 的水平上徘徊。从固定资产投资的水平上来看，其均值为 0.3185、中位数为 0.2761、标准差为 0.1355，说明总体上而言兵团各师的固定资产投资还存在较大的差异性，出现均值大于中位数的原因可能是因为存在个别固定资产投资较大的师（团）的拉动作用所致，而非一种均衡现象。另外，其上四分位数为 0.4005，下四分位数为 0.2123，说明有超过 75% 以上的师固定资产占 GDP 的比重超过了 21%，只有 25% 以上的师其固定资产投资占 GDP 的比重超过 40%。

同时，固定资产投资在各师中也存在较为不均衡的现象，其中最大的比例已经达到 GDP 的 78% 以上，而最小的仅为 13% 左右。从金融相关率来看，其均值为 0.2785、中位数为 0.2310、标准差为 0.1952，说明与固定资产投资类似，兵团各师之间贷款占 GDP 的比重也存在较大的差异，而且这种差异较固定资产投资占 GDP 比例在各师间的差异还要大许多。另外，该指标的上四分位数为 0.3644，下四分位数为 0.1408，说明兵团各师贷款占 GDP 的比重有 75% 的师在 0.14 以上，而只有 25% 的师在 0.36 左右，说明兵团各师贷款数占 GDP 的比重均不是很大，这说明了通过金融支持兵团城镇化建设还有很大的空间可以发掘。

各师金融相关率占 GDP 的比重中最大的达到 1.0469，而最小的只有 0.0304，这一组数据，一方面说明了兵团各师间贷款数占 GDP 的比重存在两极分化的现象：最大的竟然超过了当年该师国民生产总值的数额，而最小的竟然还不到当年该师创造 GDP 总值的 5%；另一方面出现这种情况的原因也可能是兵团各师由于产业布局不合理导致个别师（团）自身的产能有限，在自身国民生产总值较小的前提下，贷款数占 GDP 的比重当然容易大于 1。另外，从贷款数在三次产业上的分配数占 GDP 的比重可以看出农业贷款不论在均值、中位数还是上下四分位数这几个数值上均要大于工业贷款和第三产业贷款，从侧面说明现阶段兵团各师还是以发展农业为主要任务。接下来，虽然工业贷款的平均值低于第三产业贷款，但是其中位数以及上下四分位数均大于第三产业贷款数，同时其标准差又小于第三产业贷款数，说明各师在工业方面的贷款与第三产业相比较为均衡。为探索兵团各师金融支持与城镇化建设之间的关系，会在以下通过实证检验做进一步的分析。

（三）实证检验

这一部分将分别通过普通 OLS 和静态面板数据的分析方法对兵团各师金融支持城镇化建设的情况做更详细的说明。在使用以上计量经济学方法进行分析时首先将使用普通最小二乘的方法对数据进行分析，接下来使用静态面板的计量经济分析方法对数据进行分析，并通过构建统计量，在普通最小二乘法和静态面板数据分析中的固定效应和随机效应模型中进行选择，具体分析过程如表 4-2 所示。

表 4-2   计量结果

	Poole-OLS (1)	Panel-data FE (2)	Panel-data RE (3)	Panel-data FGLS (4)	Panel-data FGLS (5)
	URM	URM	URM	URM	URM
FIX	-0.134 (0.1010)	-0.109 (0.0734)	-0.110 (0.0712)	-0.134 (0.0928)	-0.110** (0.0381)
L	0.270*** (0.0699)	0.284*** (0.0550)	0.283*** (0.0531)	0.270*** (0.0438)	0.243*** (0.0232)
_cons	0.334*** (0.0273)	0.322*** (0.0162)	0.323*** (0.0305)	0.334*** (0.0281)	0.336*** (0.0110)
N	91	91	91	91	91
Adj-R^2	0.1414	0.3559	0.7490		
Wald 统计量				44.00***	135.86***
F 统计量	8.41***				
B-P Ch (2)	134.48***				
Hansman-Ch (2)	0.08				

Standard errors in parentheses.

 * $p < 0.05$, ** $p < 0.01$, *** $p < 0.001$.

通过表 4 - 2 可以看出:

第一, 在模型选择上, 针对混合 OLS 回归方法和面板固定效应计量分析方法, 由于 F 统计量的值为 8.41, 并且在 1% 的显著性水平上通过检验, 因此拒绝混合 OLS 模型和面板固定效应模型不存在显著差异的原假设, 此时在混合 OLS 模型和面板固定效应模型中选择固定效应模型; 接下来针对混合 OLS 回归和面板随机效应回归, 由于 B - P 检验亦在 1% 的显著性水平上通过检验, 因此选择随机效应模型; 最后在面板固定效应模型和面板随机效应模型的选择上, 因为 Hansman 检验对应的卡方统计量仅为 0.08, 未通过检验, 因此在这里选择随机效应模型。至此似乎已经完成了模型的设定工作, 但实际上由于使用的是面板数据, 其最大的特点是同时包含了横截面数据和时间序列数据的特性, 因此还须对模型的序列相关和异方差性进行检验。由于最终选定的是随机效应模型, 所以只须对序列相关性进行检验即可。通过拉格朗日乘数 (LM) 和修正的拉格朗日乘数法 (ALM) 进行检验后均发现模型中存在序列相关性, 因此接下来在模型 (4) 和模型 (5) 中采用可行的广义最小二乘法 (FGLS) 进一步分析。其中模型 (4) 仅考虑了单独各师在 2006 ~ 2012 年的序列相关性即组内自相关性, 而模型 (5) 则同时考虑了各师之间以及各师内部在 2006 ~ 2012 年的序列相关性, 即同时考虑组内自相关与组间同期相关问题。

第二, 在模型的解释力度上, 可以看出混合 OLS 模型、面板固定效应模型和面板随机效应模型的校正过的 R^2 依次为 0.1414、0.3559 和 0.7490, 可以看出, 在这三种估计方法下解释变量固定资产投资 (FIX) 和金融相关率 (L) 联合起来对被解释变量城镇化率 (URM) 的解释力度是逐渐上升的, 最终在随机效应模型中两个解释变量联合起来能共同解释应变量城镇化率 74.9% 的变异。同时对于模型 (4)

和模型（5）而言，由于 Wald 统计量均在 1% 的水平上通过检验，说明模型总体上是显著的。

第三，针对具体的回归系数，可以看出在五个模型中，固定资产投资均与城镇化率呈现微弱的且逐渐显著的负相关关系，考虑到城镇化率指标是一项逆向指标，所以增加固定资产投资在一定程度上能增进城镇化进程，但令人惊讶的是在这五个模型中贷款占 GDP 的比重（L）均与城镇化率在 1% 的显著性水平上显著正相关。同样考虑到这里选择的城镇化率指标是一个逆向指标，即说明两者之间呈现一种负向关系。也就是说，贷款比重越大城镇化率水平越低，出现与预期相反的结果。为了探究这一结果背后的原因，接下来将贷款占 GDP 的比重分解到农业贷款占 GDP 的比重（L1）、工业贷款占 GDP 的比重（L2）和第三产业贷款占 GDP 的比重（L3）三个方面，具体看在不同产业上分配的贷款是如何影响到兵团现阶段城镇化率水平发展的。值得说明的是，为了防止多重共线性对模型结果的影响，这里将贷款总额占 GDP 的比重（L）项不再考虑在解释变量的行列之内。

在进一步讨论 L1、L2 和 L3 是如何影响城镇化发展之前，首先通过分别观察它们与城镇化率之间的散点图的方式，以对它们两两间的关系有一个直观的了解。

从图 4-2 可以直观地看出，农业贷款率（L1）、第三产业贷款率（L3）与城镇化率的拟合曲线基本呈现出正相关关系，考虑到所选的城镇化指标是一项逆向指标，因此说明现阶段兵团各师农业贷款与第三产业贷款越高反而会导致城镇化率降低；而工业贷款率（L2）与城镇化率的拟合曲线呈现出负相关的关系。同样考虑到所选城镇化率指标的特定含义，进而说明现阶段工业贷款促进了城镇化水平的发展。当然，以上只是从图形上简单地描述了金融在支持不同产业发展的同时进而影响城镇化发展的作用。为了进一步分析金融支持不同产业发展进而影响城镇化发展的作用，以下还是通过混合 OLS 及静态面板数据的分析方法对其进行具体分析，具体结果如表 4 - 3 所示。

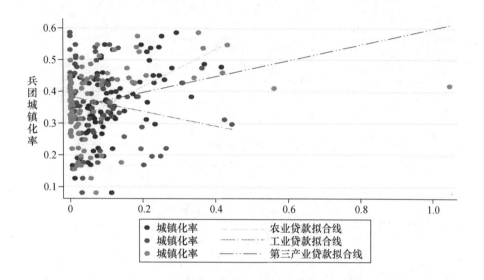

图 4 - 2　L1、L2 和 L3 与城镇化的散点图

表 4 - 3　混合 OLS 及静态面板数据计量结果

	Poole - OLS	Panel - data	Panel - data	Panel - data	Panel - data
	(1)	RE (2)	FE (3)	FGLS (4)	FGLS (5)
	URM	URM	URM	URM	URM
FIX	- 0.3070 ***	- 0.1490 *	- 0.1260 *	- 0.0111	- 0.3130 ***
	(0.0845)	(0.0635)	(0.0603)	(0.0811)	(0.0667)
L1	0.7910 ***	0.6780 ***	0.6340 ***	0.4490 ***	0.8350 ***
	(0.106)	(0.0886)	(0.0864)	(0.0987)	(0.0874)
L2	- 0.2610 **	0.1400	0.3140 **	- 0.0853	- 0.1850 **
	(0.0934)	(0.1110)	(0.1170)	(0.1000)	(0.0665)
L3	0.3960 ***	0.1200 *	0.0740	0.1120	0.3920 ***
	(0.0725)	(0.0582)	(0.0556)	(0.0649)	(0.0679)

	Poole – OLS (1)	Panel – data RE (2)	Panel – data FE (3)	Panel – data FGLS (4)	Panel – data FGLS (5)
	URM	URM	URM	URM	URM
_ cons	0.3600 *** (0.0237)	0.3150 *** (0.0241)	0.3040 *** (0.0148)	0.3110 *** (0.0220)	0.3520 *** (0.0154)
N	91	91	91	91	91
Adj – R^2	0.4585	0.6550	0.5931	0.7377	
Wald 统计量				41.46 ***	123.65 ***
F 统计量	17.61 ***				
B – P Ch (2)	55.73 ***				
Hansman – Ch (2)	16.43 ***				

Standard errors in parentheses.

* $p < 0.05$，** $p < 0.01$，*** $p < 0.001$。

通过表 4 – 3 可以看出：第一，在模型选择上，针对混合 OLS 回归方法和面板固定效应计量分析方法，由于 F 统计量的值为 17.61，并且在 1% 的显著性水平上通过检验，因此拒绝混合 OLS 模型和面板固定效应模型不存在显著差异的原假设，此时在混合 OLS 模型和面板固定效应模型中选择固定效应模型；针对混合 OLS 回归和面板随机效应回归，由于 B – P 检验亦在 1% 的显著性水平上通过检验，因此在此选随机效应模型；最后在面板固定效应模型和面板随机效应模型的选择上，因为 Hansman 检验对应的卡方统计量为 16.43 并且在 1% 的显著性水平上通过检验，因此在这里选择面板固定效应模型。另外，在进一步对固定效应模型进行截面异方差和序列相关检验后发现针对截面异方差检验的卡方统计量为 351.06，并且在 1% 的显著性水平上拒绝面板数据截面之间不存在异方差的原假设。同时针对序列相关的检验发现 F 统计量为 61.349，同样在 1% 的显著性水平上显著，即拒绝了存在序列相关的原假设。因此，接下来在模型（4）和模型（5）中采用可行的广义最小二乘法（FGLS）进一步分析，其中模型（4）采用 Stata 软件中 Xtpcse 命令，而模型（5）则采用 Xtgls 命令去除面板数据的截面相关性。

第二，在模型的解释力度上，可以看出混合 OLS 模型、面板固定效应模型和面板随机效应模型的校正过的 R^2 依次为 0.4585、0.5931 和 0.6550，可以看出，在这三种估计方法下解释变量固定资产投资（FIX）和金融相关率（L）联合起来对被解释变量城镇化率（URE）的解释力度是逐渐上升的，最终在随机效应模型中两个解释变量联合起来能共同解释应变量城镇化率 65.5% 的变异。同时对于模型（4）和模型（5）而言，由于 Wald 统计量均在 1% 的水平上通过检验，说明模型总体上是显著的。

第三，针对具体的回归系数，可以看出，在五个模型中固定资产投资均和城镇化率呈现较为显著的负相关关系，进一步验证了之前提到的增加固定资产投资在一定程度上能增进城镇化进程的结论。之后，农业贷款占 GDP 的比重与城镇化率的关系在五个模型中均呈现出高度显著的正相关关系，说明现阶段若兵团各师继续加大对农业的金融贷款力度，将不利于促进城镇化的发展；而在混合 OLS 模型中以及去除截面异方差的 FGLS 模型中工业贷款占 GDP 的比重（L2）均与城镇化率（URE）在 5% 的显著性水平上显著负相关，同时在模型（4）中虽然 L2 与 URE 的回归系数并没有通过显著性检验，但也同样表现出一种负相关的关系，说明现阶段加大对工业的金融贷款力度，将有利于促进兵团各师城镇化的发展；在第三产业贷款占 GDP 的比重（L3）与城镇化率（URE）的相互关系上，虽然五个模型中，三个模型的回归系数通过显著性检验支持两者之间正相关的结论，但与第一产业农业贷款占 GDP 的比重作为解释变量相比，其 T 统计量（回归系数/标准误）要小许多，因此与增加 L3（第三产业贷款占 GDP 比重）相比，现阶段兵团增加 L1（农业贷款占 GDP 比重）更不适合促进城镇化的进程。

综上，按照三次产业推动城镇化发展的逻辑顺序，第一产业为城镇化发展提供了初始动力，而工业化和第三产业的发展则为城镇化提供了二级动力和后续发展动力。结合以上实证分析的结果，为加快城镇化发展的步伐，在现阶段兵团各师应逐步降低金融对农业支持的力度，进而加大金融对工业发展的支持，坚持从自身优势资源出发，加大对新型工业化的投资力度，力争培育一批科技含量高、经济效益好、资源消耗低、环境污染少，同时能使兵团人力资源得以充分发挥的优势工业企业，进而为兵团农业现代化的发展提供更为广阔的内部市场、科技、人才以及环境支撑，加速农业剩余劳动力的转移，并最终促进城镇化的发展。

二、兵团建制市（镇）师（团）金融支持城镇化建设效率的实证检验

（一）模型构建与指标选取

兵团现有的建制市（镇）分别是石河子市、五家渠市、阿拉尔市、图木舒克市、北屯市、铁门关市和北泉镇。由于原始数据收集时涉及三次产业生产总值、固定资产投资、银行存贷款和税收收入等指标，有的能在《新疆统计年鉴》、《新疆财政年检》及《新疆金融统计60 年》中查到，但大部分城市及城镇由于成立时间较晚、规模较小等原因导致部分指标在以上资料中缺失，因此在对兵团有建制的市（镇）金融支持城镇化建设的实证分析中，我们仅以石河子市为例，

具体讨论从现有资料中能查到相关数据的时间跨度（1996—2011 年）中，金融支持石河子市城镇化建设的情况。

在具体模型构建时我们选取被广泛使用的多变量时间序列分析即向量自回归（VAR）的方法对金融支持石河子市城镇化发展进行分析。另外，同兵团非建制市（镇）的师（团）一样，在这一部分我们仍然选取第一产业生产总值占当年 GDP 的比值（URM）作为衡量当年城镇化率的指标；选取银行贷款与 GDP 的比值（L）作为反映金融相关率（金融支持规模）的指标；选取当年固定资产投资总额占 GDP 总额的比例（FIX）作为反映固定资产投资对城镇化建设的支持效应；另外，为凸显建制市的税收特征对城镇化建设的作用，这里选取与城镇化建设有关的税收（具体包括资源税、城市维护建设税、房产税、城镇土地使用税、土地增值税）之和与 GDP 的比值（TAX）作为衡量税收对城镇化建设影响作用的指标；具体模型构建如下：

$$URM_t = \sum_{i=1}^{P} \alpha_{URM,i} * URM_{t-i} + \sum_{i=1}^{P} \beta_{URM,i} L_{t-i} + \sum_{i=1}^{P} \gamma_{URM,i} TAX_{t-i} + \sum_{i=1}^{P} \delta_{URM,i} FIX_{t-i} + \varepsilon_{URM,t}$$

$$L_t = \sum_{i=1}^{P} \alpha_{L,i} * URM_{t-i} + \sum_{i=1}^{P} \beta_{L,i} L_{t-i} + \sum_{i=1}^{P} \gamma_{L,i} TAX_{t-i} + \sum_{i=1}^{P} \delta_{L,i} FIX_{t-i} + \varepsilon_{L,t}$$

$$TAX_t = \sum_{i=1}^{P} \alpha_{TAX,i} * URM_{t-i} + \sum_{i=1}^{P} \beta_{TAX,i} L_{t-i} + \sum_{i=1}^{P} \gamma_{TAX,i} TAX_{t-i} + \sum_{i=1}^{P} \delta_{TAX,i} FIX_{t-i} + \varepsilon_{TAX,t}$$

$$FIX_t = \sum_{i=1}^{P} \alpha_{FIX,i} * URM_{t-i} + \sum_{i=1}^{P} \beta_{FIX,i} L_{t-i} + \sum_{i=1}^{P} \gamma_{FIX,i} TAX_{t-i} + \sum_{i=1}^{P} \delta_{FIX,i} FIX_{t-i} + \varepsilon_{FIX,t}$$

（二）描述性统计

如表 4 - 4 所示，描述性统计结果可以看出：

（1）1996 年到 2011 年石河子市的城镇化率基本维持在 0.103 左右，由于我们选取的衡量城镇化率的指标是逆向指标，因此在此条件下城镇化率最好时达到 0.065，最差时为 0.17，金融相关率基本稳定在 1.68 的水平上，说明每年银行贷款数基本是当年 GDP 总值的 1.68

表4-4　建制市镇金融支撑指标描述性统计

变量	均值	中位数	最小值	最大值	标准差
样本数 n = 16					
URM	0.1030	0.0937	0.0645	0.1667	0.0363
L	1.6819	1.5300	1.2958	2.4520	0.3739
FIX	0.5706	0.5394	0.3885	0.9602	0.1560
TAX	0.0705	0.0707	0.0368	0.1005	0.0162

倍左右，最大值为 2.45，最小值为 1.29，从侧面也说明了金融对城镇化支持的力度，这里值得注意的是虽然石河子市有健全的财政体制，但税收占 GDP 的比重却没有意料中的那么好，基本维持在 0.07 的水平上。

（2）大部分变量的标准差基本维持在 0.02 左右，说明这些变量从 1996 年到 2011 年基本维持平稳的发展状态，固定资产投资占 GDP 的比重（FIX）、贷款总额占 GDP 的比重（L）等变量的标准差较大，分别为 0.1560 和 0.3739，说明从 1996 年到 2011 年，固定资产总额占 GDP 的比重（FIX）及银行贷款占 GDP 的比重（L）有较大的变动幅度。

由图 4-3 可以看出：第一，城镇化率变量从 1996 年到 2011 年其数值呈现出逐年下降的趋势，但由于该指标是逆向指标，因此说明石河子市的城镇化水平呈现逐年上升趋势；第二，金融相关率指标从 1996 年到 2011 年呈现出逐年下降趋势，但这并不意味着金融对城镇化支持的作用在逐年减弱，实际上石河子市贷款总额从 1996 年到 2011 年由 35.31 亿元增长到 251.49 亿元，但由于在此期间 GDP 增长的速度超过了存贷款速度，因此出现金融相关率逐年下降的趋势；第三，税收支持及固定资产支持指标也基本呈现出逐年上升的趋势。

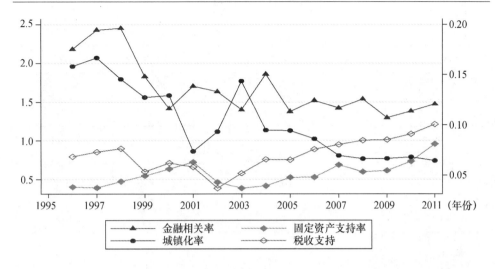

图4-3　兵团建制市镇城镇化建设金融相关率

（三）石河子市金融支持对城镇化发展的动态计量分析

通过以上各变量的统计指标的描述性统计及图形分析中我们对石河子市金融支持城镇化发展的情况有了大概的了解，但在样本期间内金融相关率及其他变量究竟是如何影响城镇化发展的？以下我们将通过向量自回归（VAR）模型进行详细说明：

1. 单位根检验

单位根检验是用来检验时间序列的平稳性，如果序列是非平稳的，直接进行回归常会导致伪回归现象，这里用 ADF 方法来检验序列的平稳性。借助 Stata 软件，检验结果如表4-5所示。

表4-5　平稳性检验结果

变量	ADF 检验值	1% 临界值	5% 临界值	10% 临界值	结论
URM	-1.661	-3.750	-3.000	-2.630	非平稳
D. URM	-4.935				平稳

续表

变量	ADF 检验值	1% 临界值	5% 临界值	10% 临界值	结论
L	-1.894				非平稳
D. L	-4.933	-3.750	-3.000	-2.630	平稳
FIX	-0.554				非平稳
D. FIX	-2.783	-3.750	-3.000	-2.630	平稳
TAX	-0.623				非平稳
D. TAX	-3.957	-3.750	-3.000	-2.630	平稳

从表 4 - 5 可以看出，在 5% 的显著性水平下，城镇化率（URM）、金融相关率（FIR）、固定资产投资支持（FIX）及税收支持（TAX）四个变量的水平变量是非平稳的，而对其做一阶差分后的结果是平稳的，因此以上变量均为一阶单整序列。

2. 向量自回归（VAR）模型的设定

向量自回归（VAR）模型最早由 Sims[①] 于 1980 年提出，所谓 VAR 模型是指用模型中所有当期变量对所有变量的若干滞后期变量进行回归。VAR 模型用来估计联合内生变量的动态关系，而不带有任何事先约束条件，以下部分我们将通过对上文所述的变量构建向量自回归模型，具体讨论石河子市金融发展是如何对城镇化建设产生影响的。

（1）选择滞后阶数。通过 Stata 软件的 varsoc 命令对所有变量的滞后阶数进行确定，参考结果中判断最优滞后阶数的五种方法的返回值，具体结果如表 4 -6 所示。

---

① Sims C. , 1980. "Macroeconomics and Reality", Econometrica, 48, 1 - 48.

表4-6　滞后性检验结果

Lag	LR	FPE	AIC	HQIC	SBIC
0		1.8e-10	-11.0691	-11.086	-10.8866
1	90.405	3.2e-12	-15.2409	-15.3254	-14.328
2	81.665*	2.1e-13*	-18.7884*	-18.9406*	-17.1452*

注：*p<0.10。

从表4-6的结果可以看出五种评价准则一致认为，最优滞后阶数为2，因此本书认为选择滞后二阶的VAR模型较为合理。

（2）构建URM、L、FIX和TAX的向量自回归（VAR）模型。由于我们选用的是小样本数据，因此在使用VAR命令后添加了dfk和small选项，具体结果如表4-7所示。

表4-7　向量自回归（VAR）模型计量结果

	URM	L	FIX	TAX
L. URM	0.447***	14.163**	4.582	0.527**
	(0.135)	(5.451)	(3.262)	(0.144)
L2. URM	-0.385**	-8.109	3.713	-0.164
	(0.138)	(5.589)	(3.344)	(0.148)
L. L	0.068***	-0.815	-0.482	-0.024
	(0.012)	(0.468)	(0.280)	(0.012)
L2. L	-0.028*	-0.633	-0.329	-0.046**
	(0.013)	(0.539)	(0.322)	(0.014)
L. FIX	0.006	2.142	-0.090	-0.047
	(0.028)	(1.144)	(0.684)	(0.030)
L2. FIX	-0.069*	-1.508	0.194	-0.073*
	(0.030)	(1.227)	(0.734)	(0.033)
L. TAX	-2.112***	-6.440	1.181	-0.069
	(0.261)	(10.556)	(6.316)	(0.280)

续表

	URM	L	FIX	TAX
L2. TAX	1.538***	3.374	13.743	1.682**
	(0.385)	(15.546)	(9.302)	(0.412)
R^2	0.991	0.859	0.800	0.970
F – Statistic	70.551***	3.808*	2.495	20.392***

注：括号内为标准误差，$**p<0.05$，$***p<0.01$，$*p<0.01$。

（3）检验 VAR 模型各阶系数的联合显著性。具体结果如表 4 - 8 所示。

表 4 - 8 联合显著性检验结果

模型	滞后阶数	F 统计量	P 值
URM	1	46.671***	0.000
	2	17.023***	0.004
L	1	4.354*	0.069
	2	1.457	0.340
FIX	1	2.039	0.227
	2	0.713	0.617
TAX	1	6.207**	0.035
	2	7.023**	0.027
ALL	1	35.545***	0.000
	2	10.547***	0.008

注：$**p<0.05$，$***p<0.01$，$*p<0.01$。

从表 4 - 8 可以看出，我们所关心的 URM 对应的模型，不论是在一阶滞后还是二阶滞后的方程中均通过显著性检验。

（4）对估计出来的 VAR 模型的系数是否平稳进行检验。具体参见以下 VAR 模型所有特征值的单位根图。

从图 4-4 单位根检验图可以看出，所有单位根均在单位圆内，因此我们说此 VAR 系统是稳定的。

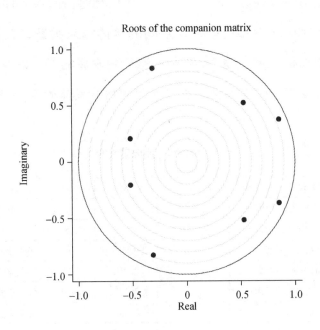

图 4-4　单位根检验

（5）对 VAR 模型的残差是否服从正态分布进行检验。具体 J - B 检验结果如表 4-9 所示。

表 4-9　正态分布检验结果

模型	卡方统计量	P 值
URM	3.884	0.143
L	4.317	0.116
FIX	4.295	0.117
TAX	4.459	0.108
ALL	16.954	0.031

从以上 J-B 检验结果所示，单一模型均在 5% 的显著性水平上通过检验，说明单一模型的残差均服从正态分布。

3. 格兰杰因果检验

由之前的 ADF 检验结果显示，三个变量都是一阶单整序列，所以我们可以用格兰杰因果关系检验变量之间的具体因果关系，其目的是明确衡量石河子市城镇化的变量 URM 与衡量金融发展的 FIR 以及衡量税收发展水平的 TAX 之间的因果关系。格兰杰因果检验具体如表 4-10 所示。

表 4-10　格兰杰因果检验

原假设	F 统计量	P 值	结论
L 不是 URM 的格兰杰原因	21.962	0.003	拒绝原假设
FIX 不是 URM 的格兰杰原因	4.259	0.083	拒绝原假设
TAX 不是 URM 的格兰杰原因	39.733	0.001	拒绝原假设
URM 不是 L 的格兰杰原因	4.599	0.073	拒绝原假设
URM 不是 FIX 的格兰杰原因	1.539	0.302	接受原假设
URM 不是 TAX 的格兰杰原因	7.457	0.032	拒绝原假设

从以上格兰杰因果检验的结果可知：首先，金融相关率 L、固定资产投资支持 FIX 及税收支持 TAX，分别在 1% 和 10% 的置信水平上拒绝了它们不是城镇化水平 URM 的格兰杰原因的原假设，说明它们均是影响石河子市城镇化水平的有效因素。其次，城镇化水平 URM 在较高程度上接受了其不是固定资产投资 FIX 的格兰杰原因的原假设，其 F 统计量的 p 值为 0.302，远远大于 10% 的最宽松的显著性水平。同时城镇化水平 URM 也同样构成金融相关 L 和税收支持 TAX 的格兰杰原因，并在 5% 或 10% 的显著性水平上通过检验。综上分析，我们可以看出金融相关率（金融支持规模）L、固定资产投资（中央转移支付

支持）FIX 和税收支持 TAX 均对城镇化水平产生有效影响，同时城镇化水平（URM）也对金融相关率（L）和税收支持（TAX）能够产生有效影响，但城镇化水平（URM）对固定资产投资支持（FIX）并不构成显著影响。

4. 脉冲反应函数

利用脉冲反应函数可以很好地模拟一个变量在受到另一个变量的变化冲击之后的反应，下面分析石河子市金融发展、税收支持对城镇化之间的脉冲反应。

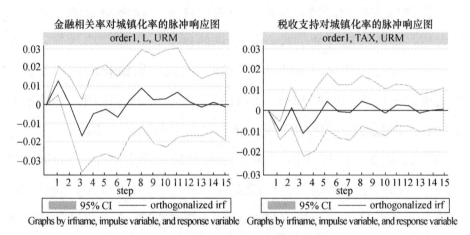

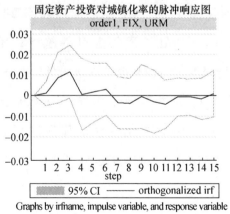

图 4 - 5　脉冲响应

从以上正交化的脉冲响应图可以看出：

（1）金融相关率对城镇化的脉冲响应在第一期有正向的拉动作用，但由于我们所选的城镇化指标是一个逆向指标，因此这时候金融对城镇化的推动作用并没有显示出来，而在随后的第二期以及第三期金融相关率均对城镇化率有着逆向的拉动作用，因此在此期间金融相关率对城镇化率是有推动作用的。随后在第四期又出现了正向的拉动作用，而从第五期开始往后，金融相关率对城镇化率正负震荡的拉动作用逐渐减小，并最终趋近于零。

（2）税收支持对城镇化率的脉冲响应在第一期和第三期时达到负向最大值，即能够最有效的推动城镇化的发展，在第二期达到正向最大，但由于此时脉冲响应曲线跨过横轴，因此对城镇化的作用并没有显现出来，随后在第四期和第五期对城镇化产生正向作用，从第六期开始往后，税收对城镇化的作用逐渐减弱并逐渐趋向于零。

（3）固定资产投资从第三期开始对城镇化率产生正向的推动作用，随后从第五期开始固定资产投资对城镇化率的作用逐渐趋向于零。

综上，结合兵团建制市（镇）师团金融支持城镇化建设效率的实证检验结果，以石河子市为例，第一，从 1996 年到 2011 年其城镇化水平虽然有所波动，但基本处于逐年上升的趋势；第二，从向量自回归（VAR）模型计量结果以及脉冲反应函数结果来看，金融相关率、固定资产投资和税收均能促进石河子市城镇化水平的发展，但金融相关率及固定资产投资的作用期要比税收的作用滞后，同时金融相关率和固定资产投资对城镇化水平的作用远没有税收的作用强，这从侧面也给兵团其他未建市的师团以建议，在加大所辖地区经济建设的同时，也应积极促进建城立市的步伐，进而促进本地区城镇化水平的提示；第三，从各变量的格兰杰因果检验结果来看金融相关率、税收与城镇化水平互为因果关系，而固定资产投资仅能促进城镇化水平的发展，城镇化水平却不能反过来影响固定资产投资的发展，因此从另一方面也印证了现阶段加快兵团设立城市步伐，尽快拥有完整财税体系，进而推动兵团城镇化建设这一政策导向的正确性。

第三节　兵团城镇化建设中金融支持存在的问题

通过以上分析，我们不难发现金融发展对城镇化建设的重要作用，但同时也必须承认现阶段金融在支持兵团城镇化建设过程中也存在许多问题，这些问题如果得不到有效解决必将影响今后城镇化的进一步发展。

一、城镇化资金投入总量不足，融资渠道单一

通常情况下城镇化建设主要以政府投资为主，而政府的财政收入是决定城镇化资金投入的决定因素。表4-11、表4-12分别显示了金融支持兵团建制市（镇）和非建制市（镇）师（团）城镇运行维护的情况。

表4-11　金融支持兵团建制市（镇）师（团）城镇运行维护情况

单位：万元

建市（镇）师（团）	年份	中央财政	城市维护建设税	土地出让金	市场化运营收入	贷款	自筹（市财政）
第一师阿拉尔市	2009	2408	676	0	1335	0	13006
	2010	4342	846	0	1743	0	14095
	2011	4177	1175	0	1976	0	20053
总计		10927	2697	0	5054	0	47154

续表

建市（镇）师（团）	年份	中央财政	城市维护建设税	土地出让金	市场化运营收入	贷款	自筹（市财政）
第三师 图木舒克市	2009	1138	77	0	6387	0	0
	2010	1215	140	0	8126	0	0
	2011	1633	305	0	8780	0	0
总计		3986	522	0	23293	0	0
第六师 五家渠市	2009	1877	703	0	1722	203	12668
	2010	1945	972	0	2096	484	13773
	2011	4998	1708	0	2234	5061	14226
总计		8820	3383	0	6052	5748	40667
第八师 石河子市	2009	4624	7506	1545	562	0	2543
	2010	2200	10991	9842	562	0	3844
	2011	0	13093	13890	562	0	5328
总计		6842	31590	25277	1686	0	11715
合计		30575	38192	25277	36085	5748	99536
各项所占比例（%）		12.99	16.22	10.74	15.33	2.44	42.28

注：以上数据由 2012 年兵团财务局及 2009 年和 2010 年《新疆财政年鉴》整理所得。

表4-12 金融支持兵团非建制市（镇）师（团）城镇运行维护情况

单位：万元

年份	中央财政	城市维护建设税	土地出让金	市场化运营收入	贷款	自筹（市财政）
2009	4615	23	0	11599	11272	56574
2010	6988	45	0	12015	13162	65392
2011	13047	56	3088	14789	15651	82347
合计	24651	125	3088	38403	40085	204312
各项所占比例（%）	7.93	0.04	0.99	12.36	12.90	65.77

注：以上数据由 2012 年兵团财务局调研数据整理所得。

从表4-11和表4-12可以看出，由于兵团特殊体制的原因，对于没有政府职能却占辖区大部分面积的各师（团）而言，他们的城镇化建设资金只能依靠国家财政转移支付和自身力量筹集来解决。但实际上根据2012年兵团财务局调研数据可知，2009~2011年兵团非建制市（镇）的城镇化建设费用中，仅自筹部分就占总额的65%以上，通过贷款支持城镇化建设部分占总额的12.9%，而中央财政转移支付部分仅占总额的7.93%。与此同时，从2010年起，按国家规定除自身受益部分外，兵团不得再向职工收取任何费用，使得各师（团）自身基本没有经济收入，因此在国家财政转移支付有限的情况下，还要匀出一部分资金进行城镇化建设，难免杯水车薪。同时，对于政府职能健全的兵团城市而言，虽然它们有健全的财税职能，但其情况也不容乐观。由于这些城市大多规模较小，功能性支出项目较多，直接用于城镇化建设的资金十分有限。从兵团建制市（镇）城镇化建设的融资结构看，2009~2011年，兵团建制市（镇）共缴纳城市维护建设税38192万元（其中一部分还要上缴自治区），占整体城镇化运行费用的16.22%；各市财政自筹99536万元，占整体城镇化运行费用的42.28%；中央财政转移支付30575万元，占整体城镇化运行费用的12.99%；贷款5748万元，占整体财政运行费用的2.44%。因此，直接融资规模较小，间接融资居主导地位，资金需求过度依赖自筹，是现阶段兵团城镇化建设的真实写照，难以满足兵团城镇化进程中对金融服务的多样化需求。

二、城镇金融体系发展不健全，金融服务供给层次低、支持面窄

首先，由于历史、机制等原因，兵团、金融组织体系不健全，缺乏系统的金融支持体系。目前，国有四大商业银行中只有中国农业银

行设立了兵团分行，在兵团大部分团场设立营业机构，在兵团金融机构体系中占主体地位，专门为兵团各师（团）所属企业和经济部门提供存贷款和结算服务，其他国有商业银行、股份制商业银行很少或根本没有在兵团设立分支机构，同时兵团自身也没有区域性的地方性银行。

其次，金融服务兵团城镇化建设的层面较窄，兵团城镇化建设需要银行的大力支持，在很大程度上更需要保险、基金、投资信托公司等非银行金融机构提供的融资、保险、信托、理财、咨询、资本运作等深层次的金融服务。但目前，除了银行在兵团城镇化建设中发挥作用外，其他形式的金融机构支持城镇化建设的功能还有待发掘。

最后，中小金融机构比重低，规模小，且发展潜力不足。中小企业发展在各地区城镇化进程中发挥着重要作用，它是解决就业的主体。由于贷款额度较少等原因，一方面出于银行经营的趋利性导致投资偏向大企业；另一方面兵团国家贷款也主要集中在煤、电等大企业、大项目，这样对一些前景好、能有效推动地区经济发展的中小企业难免造成融资约束，面对这种情况兵团虽然成立了中小企业信用担保公司，但远远不能满足兵团中小企业的贷款需求。

三、兵团城镇化贷款主体不规范，导致银行信贷积极性不高

首先，贷款主体不规范。城镇化建设的内容在兵团各师具体表现为城镇基础设施和公共事业建设，一般由各师相关主管部门承办，但实际上这些部门不具备承贷主体资格，银行主要通过兵团投融资平台垫贷方式介入项目。随着银监会明确要求商业银行全面完成对地方融资平台的清理工作，同时要求凡地方融资平台的项目贷款新合同一律停签等条文的执行。这些使得银行对兵团城镇化建设的信贷投入非常

有限。

其次，城镇化银行信贷缺少有效资产抵押，导致银行信贷积极性不高。类似城市道路改造、废水处理等公益性项目在兵团城镇化贷款项目中占比较大。这些项目具有投资额度大、建设周期长、沉淀成本高的特点。由于这些项目本身并不产生现金流收益，加之兵团为这些项目的贷款担保方式又多为保证担保，缺少有效的资产抵押，国家司法部门也从来未对兵团及其所属财务部门的担保资格给予明确，因此在银行信贷资产缺乏安全保障的前提下，致使银行在支持兵团城镇化建设时有所顾虑，积极性不高。

四、金融对农业产业化的支撑乏力

城镇化过程的主要条件之一是农业人口向非农业人口的转变。而农业人口的非农化转变，不仅需要城市经济的发展，吸引大量的农村人口，更重要的是农业地区自身的发展转变，使农业地区可以通过发展就地把原有的农业人口转化为城镇人口。结合兵团现有农业资源的特点，大力发展农业产业化和乡镇企业是推进城镇化进程的有力途径。表 4 – 13 显示了 1999 ~ 2012 年兵团农行支持兵团农业现代化的情况。

表 4 – 13　1999 ~ 2012 年兵团农行支持兵团农业现代化的信贷数据

单位：万元、%

年份	贷款合计	农业贷款	乡镇企业贷款	农业贷款占贷款合计比例	乡镇企业贷款占贷款合计的比例	乡镇企业贷款占农业贷款比例
1999	1239240	331864	7463	26.78	0.60	2.25
2000	1176892	319734	5066	27.17	0.43	1.58
2001	1317700	420075	11133	31.88	0.84	2.65
2002	1470809	390028	12299	26.52	0.84	3.15

续表

年份	贷款合计	农业贷款	乡镇企业贷款	农业贷款占贷款合计比例	乡镇企业贷款占贷款合计的比例	乡镇企业贷款占农业贷款比例
2003	1641778	375401	9386	22.87	0.57	2.50
2004	1746909	457163	7926	26.17	0.45	1.73
2005	1708989	465846	8314	27.26	0.49	1.78
2006	1779548	479559	10743	26.95	0.60	2.24
2007	1848098	498478	11160	26.97	0.60	2.24
2008	1307296	352245	8218	26.94	0.63	2.33
2009	1840953	483059	11004	26.24	0.60	2.28
2010	2322914	608600	13094	26.20	0.56	2.15
2011	2685396	716361	15107	26.68	0.56	2.11
2012	3210259	858697	18558	26.75	0.58	2.16

注：表中数据通过对《兵团统计年鉴2000~2013》数据整理所得。

从表4-13可以看出：第一，从绝对数来看，兵团农业贷款每年都在增加，但从相对数来看，农业贷款占贷款总额的比例在1999~2012年基本维持在26%左右，其增幅和降幅均不是十分明显；第二，作为与农业产业化密切相关的乡镇企业贷款数，不论从其贷款绝对数还是与贷款合计数及农业贷款数的相对数来说，均表现出与农业贷款数同样的变化趋势。综上，虽然1999~2012年，兵团农业贷款保持了相对平稳的发展，但实际情况是兵团金融业主要将贷款集中在农业的初级生产环节，受农业自然因素影响导致贷款人在承担较大风险的同时也给银行带来了损失。这种低收益、高风险的农业劣质性，改变了银行信贷资金的流向。兵团农业产业信贷资金和金融服务要素的缺失，恰恰是兵团农业产业发展滞后的充分体现。兵团农业产业化的滞后发展最终将影响其城镇化发展的速度。

第五章　兵团城镇化建设中资金需求的金融支持体系构建

第一节　构建原则

一、坚持服务兵团经济社会跨越式发展的原则

从基本原则来看，金融支持兵团城镇化建设必须着眼于和服务于兵团经济社会跨越式发展的战略需要。中央新疆工作座谈会对兵团发展提出了"三化"要求，其中第一条就是"城镇化"，足见城镇化对于兵团发展的重要性。加快城镇化进程，实现兵团跨越式发展，是党中央在新的历史条件下更好地发展壮大兵团、更好地发挥兵团作用所做出的重大战略安排，对于促进兵团经济结构战略性大调整和发展方式的战略性大转变、发展兵地融合经济、增强屯垦戍边事业的凝聚力具有极其重要的意义。从这一层面上考虑，所有金融支持兵团城镇化

建设的体系构建都必须以服务兵团经济社会跨越式发展为根本出发点。

二、坚持市场主导和行政引导相结合的原则

对于兵团来讲，推动城镇化进程有市场和行政力量两种资源配置方式。以市场为主导就是通过价格驱动和优胜劣汰的竞争使劳动、资本、技术、土地等生产要素都处于自动启动、自动调节和自动运行的状态，使经济要素在比较利益的作用下向非农产业和城镇转移，在促进城镇化发展方面具有其他机制无法取代的高效率。但市场机制绝不是万能的，它有局限、有缺陷，存在市场失灵，因此需要行政力量的引导、监控、调节和管理。为此，一方面，兵团须通过区域规划、产业布局、工程项目、资金投入直接推动区域城镇化发展；另一方面，通过提供公共品推动制度变迁等手段来培育、催化和提升市场动力，促进区域城镇化发展。因此，按照市场主导和行政引导相结合的原则，寻求二者的最佳结合方式和最佳结合点，使二者有机统一、协调有序地共同发挥作用，才能稳妥推进区域城镇化进程。

三、坚持"重视风险防范"与"体系设计创新"相结合的原则

金融支持兵团城镇化建设的体系构建必须坚持"重视风险防范"与"体系设计创新"相结合的原则，即兵团金融支持城镇化建设的体系构建既要将防范金融风险作为首要任务，又要在此前提下鼓励金融体系构建的不断创新。有效防范金融风险不但关系到经济稳定，而且涉及社会稳定。任何时候，金融体系的设计必须将风险防范放在第一位。金融活动本身是对风险的管理，没有不存在风险的金融活动。没有创新就没有活力，也就不能突破原有体制机制的制约，改革就只能在原有的制度框架内止步不前。为此，我们应按照审慎原则，采取

"先试点，后推广"的改革路径，在鼓励金融体系设计创新的同时，做好系统性金融风险的防范。

四、坚持"点面结合，以点带面"的原则

由于特殊体制的限制，兵团的城镇化建设与地方政府的城镇化建设还存在很大差异，因此兵团金融支持城镇化建设的体系构建，必须以兵团现有所辖城市为重点，并从这些实践中吸取经验，进而将其推广，逐步带动兵团城镇、团场完善金融服务组织体系，并最终促进兵团经济社会发展。

第二节　基本思路

一、构建与兵团城镇化发展需求相适应的金融支持体系

面对农村城镇化过程中的异质化金融服务需求，应尽快建立起与之相匹配的金融服务供给体系。

第一，进一步发挥政策性金融的先导作用。调整农发行的业务范围，在粮食流通领域贷款的基础上，尝试开办粮食生产专项贷款、农业企业开发贷款、农村基础设施建设贷款和扶贫贷款等业务；允许国家开发银行设立小城镇建设专项基金，专门满足城镇化基础设施建设的贷款需求。

第二，引导商业金融积极拓展城镇市场，找准支持城镇化的着力点。逐步出台差异化的区域信贷政策，在健全城镇功能和发展城镇社会服务中寻求商机。

第三，建立和发展地方性中小金融机构。充分发挥农村合作金融机构服务县域小企业的生力军作用，有序扩大村镇银行、担保公司、小额贷款公司等新型金融组织试点。

第四，改变市场准入条件，对民间资本加以疏导，发挥民间金融在城镇化中的补充作用。

二、构建多层次的兵团城镇化金融支持体系

打破单一财政支持的投资局面，建立多元化投融资机制。继续争取国家财政资金支持，专款专用于兵团城镇保障性住房建设和基础设施建设。城镇化金融需求具有规模大、期限长、主体多元、结构复杂等特点，需要综合（行情、专区）运用贷款、债券、信托、股权融资、金融租赁等多种融资形式。因此，必须尽快建立起多层次的城镇金融市场，打破城镇化对信贷资金的过度依赖，不断拓宽金融服务渠道。

第一，挖掘资本市场的潜力，充分发挥金融杠杆作用。通过资本运作解决城镇化建设的融资问题，有利于吸引更多的社会资本参与城镇化建设。

第二，发展师（市）域保险市场，充分发挥保险机制在兵团城镇化过程的社会保障、防灾减灾和风险管理等功能。加快发展农业保险，开发多种形式、多种渠道的农业保险产品，有效化解、转移农业规模化、现代化的自然和市场风险。鼓励保险公司经办城乡养老保险、农村小额保险、计划生育保险等保险业务，应为失地农民提供意外、养老、医疗、生育等多层次、多类别的保障。

三、构建主要依靠市场力量的兵团城镇化金融支持体系

面对城镇化进程中市场主体缺失引起的金融不匹配问题，相关部

门要加强沟通合作，按市场规律办事，整合城乡资源，培育金融支持的有效主体。

第一，积极鼓励社会资本进入并参与城镇发展建设，探索采用诸如 BOT、TOT、ABS 模式、债券融资、股权融资等多种市场化融资形式，项目建成后的管理、维护等也应积极纳入市场化运作。市场机制是资源配置的最有效手段，兵团城镇化建设应更多依靠市场力量。

第二，弱化城镇化建设过程中通过行政手段融资的平台模式。以师（市）为信用基础的市场主体，被广泛认为风险偏高，已经受到监管部门的严格控制。

第三，引导师（市）放开对市场准入的管制，引导和鼓励社会资本进入医疗、卫生、供水、供电等经营性的基础设施领域。

第四，加大对现代农业经营主体的培育和支持力度，引导农业生产向规模化、集约化、工业化转变。

第五，加强个人征信体系和信用担保体系建设，营造良好的县域金融环境。

四、充分发挥中小金融机构服务兵团城镇发展的作用

以民营企业为主的中小企业是发展市场经济、推动城镇化的一个主要推动力。因此，兵团要加快城镇化发展步伐，提高城镇质量和缩小城市发展差距，必须建立中小企业融资体系，为中小企业提供有效的融资渠道。支持中小企业做大做强，中小金融机构是最适宜劳动密集型中小企业融资的金融组织形式。

第一，必须通过制度供给，改变不利于中小金融机构发展的政策，营造公平竞争的环境，促进和扶持中小金融机构的发展。如实行有差别的金融机构设置管理办法；改变市场准入条件，为民间资本进入金

融机构大开方便之门。

第二，科学合理地规划兵团自身中小金融机构的设立，充分发挥农村合作金融机构服务师（市）域中小企业的生力军作用，努力推动地方中小银行发展成为中小企业的伙伴银行，有序扩大村镇银行和小额贷款公司等新型金融组织试点，填补国有商业银行基层分支机构撤并后留下的师（市）金融服务空白。在规划时应把握好中小银行与国有商业银行的市场定位，做到取长补短、优势互补、良性竞争、广泛合作。

第三，在发展隶属兵团自身中小金融机构的基础上进一步建立中小企业信用担保组织，直接为中小企业发展进行融资服务。同时改革和发展农村合作金融组织，使其更好地为发展团场经济服务。

第三节　兵团新型城镇化建设中金融支持体系的构建

金融支持兵团城镇化建设体系的构建应充分基于兵团特殊体制背景，构建多层次的金融市场体系、多样化的金融组织体系、立体化的金融服务体系。在新型城镇化中，各金融机构有各自的主要服务范围，应避免金融资源的重复使用，提高资金使用效率。总而言之，金融作为支持城镇化建设的重要融资渠道，应当充分发挥其融资服务功能，整合社会金融资源为城镇建设服务。

如图 5-1 所示，兵团新型城镇化支持金融机构包括政策性金融、商业性金融、合作性金融、非正规金融和新型金融机构，形成了多元化的相互独立又互为补充的金融服务网络。同时，在这个网络内、各金融机构根据金融资源和服务对象的特点，较为清晰地划分其业务边界，并对各自的功能进行定位。在对准入和退出放松管制的前提下，金融机构应根据各自的比较优势确定相应的主要服务领域，细分市场，并在交叉领域展开有效竞争，提高金融体系的整体运行效率。

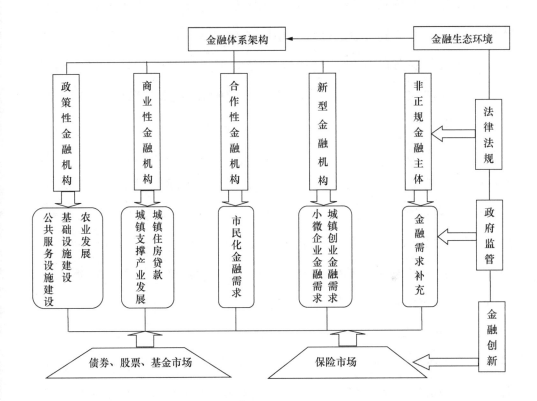

图 5-1　兵团新型城镇化金融支撑体系

一、构建分工明确的多层次金融组织体系

（一）政策性银行

积极发挥政策性金融的支持作用，推动多元融资渠道支持兵团城镇化建设。对于城镇交通道路、电力通信、供水供暖等基础设施建设和公共服务设施建设，应大力发挥政策性金融的作用，并积极探索与

商业性金融的合作方式，充分发挥其政策引导作用。在东部地区农村城镇化建设中，非营利性项目的建设资金缺口巨大，除了财政拨款外，政策性金融融资是其主要资金来源①。同样，在兵团城镇化建设进程中，政策性金融应将支持重点放在道路建设、城镇绿化等非经营性城建项目上，大力支持农民工市民化中的子女教育、医疗卫生、社会保障等城市公共服务的建设。政策性金融应当关注兵团非建制城镇的发展，为兵地共建城区建设和非建制小城镇建设服务。在这个过程中，政策性金融可以构建资源共享平台，成为非建制城镇发展的支撑平台，为加强非建制城镇的集聚作用和辐射能力而服务。加大对棚改的支持力度，国务院常务会议提出要发挥好依托国家信用、服务国家战略，资金用保本微利的金融"供血"作用，为棚户区改造提供依法合规、操作便捷、操作适当、来源稳定的渠道，由开发银行成立专门的机构实行单独核算，采取市场化方式，发行住宅金融专项债券，重点用于支持棚改及城镇基础设施等相关工程建设。

（二）商业性银行

城镇化绝不仅是农民居住方式、户口的改变和简单的人口转移，需要产业的支撑，需要城镇现代工业与服务部门吸纳从农业转移出来的剩余劳动力。国际城镇化经验表明，产业发展往往是推动城镇经济增长与吸纳农村剩余劳动力的重要力量，所以支撑产业的发展对城镇化至关重要。

第一，金融机构要在流程简化、政策优惠、加快审批等方面落实政策，支持兵团城镇特色优势产业发展，以带动经济发展和扩大就业。

第二，加大对团场职工和农民工市民化的金融支持。简化对城镇

保障住房建设信贷投入的审批手续，并在贷款额度和利率政策上给予一定的优惠。同时，放宽住房贷款条件，针对进城农民的特点实行差别化的住房信贷政策。

第三，加快金融产品创新，开发适合兵团中小企业的灵活便利的金融工具；针对中小企业的自身特点，开展信用评级、资金定价机制等各方面的创新。

（三）农村信用合作社

充分发挥自身服务"三农"的优势，创新业务支持城镇化发展。

（1）对城镇化项目实行信贷优惠，加大资金投放力度。采取贷款以农业项目为先、利率向农业项目优惠、贷款限额适当放宽、申贷手续不断简化等措施，为农场职工就业、基建建设、农业现代化经营等项目提供资金支持。

（2）细分目标市场，实施差别化信贷策略。加大对非建制城镇的信贷投入，在信贷建设的差别化上向团场倾斜，以促进兵团城镇化全面可持续发展；适当放宽城镇化支撑产业信贷条件，调整产业结构，提升城镇对劳动力的吸纳能力；适当支持农民工市民化的信贷要求，解决其城镇落户困难问题，促进社会公平。

（3）形成提升服务质量的长效机制。创新资金筹集方式，扩大资金规模；发展小额贷款产品、联保贷款产品等适应农业发展；增加机构数量，扩大服务功能覆盖范围，延伸服务的深度和广度。

（4）发展团场城镇系列信贷产品，在抵押担保方式上实现产品创新，逐步实现农作工具、家禽牲畜、农耕作物的抵押贷款，开发权益质押、联合担保方式，形成种类多样的农信社支持体系①。

---

①　王涛. 新型城镇化导向下的金融支持体系研究［D］. 山东财经大学博士学位论文, 2014.

（四）新型金融机构

在团场大力发展团镇银行等社区性的小型金融机构，根据实际情况放开贷款公司、团场资金互助组织的准入限制；放开团场金融市场准入限制，建立兵团团场互助合作金融体系。允许成立真正的职工资金互助组织，解决团场专业合作社融资难问题；借鉴国际经验，支持民间自主成立小贷公司；放开民营银行市场准入限制，允许民间发起成立民营银行。发展新型金融机构，解决弱势群体融资难问题。现行的金融机构包括村镇银行、专营贷款业务的子公司和资金互助社。

对新型金融机构的构建上，首先，要放宽其准入限制，比如降低村镇银行中商业银行的持股下限等；其次，简化机构建立的相关程序，烦琐的审批和设立程序会加大新型金融机构的负担；再次，放松对贷款利率的限制，使其运作更加适应城镇化发展；最后，鼓励商业银行入股村镇银行，促使城市富余资金进入农村，发挥支农功效。创新中小金融机构，支持小微企业发展。应结合中小金融机构能够改善中小企业融资环境的特点，根据国有控股银行从农村地区撤并后出现的金融空缺，合理规划设立中小金融机构补充其服务缺失。另外，在中小商业银行和国有控股商业银行之间，应明确各自的市场位置，防止支持城镇化业务存在交叉竞争，应建立一个优势互补、良性竞争的金融合作网①。

（五）保险方面

2014 年 3 月，中共中央、国务院印发并公布《国家新型城镇化规划（2014～2020 年)》（以下简称《规划》）。《规划》中多处提及商业

---

① 王小波，陶玲琴，魏修建. 关于我国农村城市化路径的选择与金融支持［J］. 中国人口、资源与环境，2007（4）.

保险，包括推进商业保险与社会保险衔接合作、建立巨灾保险制度、完善农业保险制度、鼓励险资参与城市基础设施建设、开展环境污染强制责任保险试点等内容。兵团应深入研究保险业支持城镇化建设的具体实现形式，创新风险管理体系，化解系统性风险。部分城镇化项目尤其是弱势项目，金融风险大量积聚，在这种情况下，我们应当努力发展保险组织和业务，保障城镇化顺利进行。对此可以采取以下措施：

一是城镇化建设资金具有投入规模大、建设周期长、运营成本高、资金回收慢等特点，保险资金符合城镇化所需资金特点，应鼓励其参与城镇化建设，丰富城镇化建设的投融资方式。

二是政府引导，积极探索贷款风险补偿机制，在兵团团场成立专门的农业保险公司和农业风险基金等专业化的风险控制服务平台，支持职工市民化的顺利进行，削弱农业生产中的高风险。

三是创新保险产品，化解进城就业问题和落户问题，城镇化的核心是人的城镇化。这是新型城镇化区别于一般城镇化的重要标志，也是保险业服务城镇化建设的重点，针对进城职工与农民的医疗卫生、子女教育、住房养老等问题，保险机构可以根据其特点创新低廉、快捷的小额产品，给予保障支持。

（六）债券、基金、股票方面

大力发展城镇基础设施建设中的证券化融资，运用证券化的方式，对已有的能产生现金流的基础设施资产或者在未来能产生现金流的基础设施资产进行证券化，以实现融资目的。城镇很多基础设施项目具有投资额大、建成后现金流量稳定等特点，这使得基础设施资产非常适合证券化。受体制机制制约，兵团城镇基础设施建设存在巨大资金缺口，在城镇化基础建设中推进基础设施的资产证券化能够广泛动员大量资金，缓解建设资金的不足，减轻财务（政）支出压力；根据新型城镇化的特点，有针对性地创新债券品种，积极稳妥地扩大市政债发行试点，提高市政债和城投债的使用效率，促进兵团新型城镇化建设。

设立基础设施产业和公共服务业投资基金，以吸纳和集中社会闲置资金为新型城镇化建设作出贡献，为广大民间资本开辟新的投资渠道，拓宽城镇化建设的融资模式。发展城市建设融资的 BOT、TOT、BOO、BTO 和 TOB 模式，这样既避免过分依赖财政拨款和商业银行贷款，又开辟了私营企业进入公共部门建设的新渠道，为解决城镇化建设中的融资问题提供了新思路。对城市水电、公路建设等基础设施建设以及其他非营利性项目上要引入市场力量，使城镇建设的运作方式逐渐向市场化靠拢。市政建设基金的推出，可提供城镇化的内源性融资渠道，有利于改变兵团间接融资为主的金融市场结构。

发挥股票的风险分担作用，将城镇项目中风险较高的风险资产分摊给社会投资者。整合城镇化过程中的优质资产，由兵团牵头成立专项资产处理公司，通过上市融资的手段吸引更多社会资源参与兵团城镇化建设。积极引导社会资本关注城镇环境建设、文化建设、教育建设以及医疗卫生建设，成立相关支持基金，吸引民间资本等金融资源支持城镇化发展。完善股票、债券、基金市场的要素转移和产权交易功能，化解城镇化过程中金融资源专用性与体制进入障碍的矛盾。另外，灵活使用资产证券化等直接融资方式，将市政项目中资金周转周期长但收益稳定的项目进行证券化处理，发行给资本市场的众多投资者，加快现金流转，提高金融资源的使用效率[1]。

---

① 曹凤岐：建立多层次农村普惠金融体 [J]. 农村金融研究，2010（11）.

二、塑造促进城镇化发展的金融生态环境

（一）完善法律法规体系

金融支持城镇化建设，涉及方方面面的关系，如财政与金融的关系，政策性金融、商业性金融、合作性金融的定位，保险和担保制度等，这不是单个金融机构能解决的，需要制订专门的法律文件来约束和保护。建立健全的法制环境，规范城镇化建设中金融主体的金融行为，进一步完善监管体系，提高正规和非正规金融机构的金融服务能力，有效控制和防范各种金融风险，提高金融体系的效率，加快资金周转速度，保障金融安全。现阶段，我国应加快利率市场化改革步伐，促使金融机构改变规模扩张、同质竞争，应依据自身优势明确市场定位，实施差异化特色化竞争。尽快推出存款保险制度，为各类金融机构创造公平竞争的金融市场环境。强化城乡一体化金融基础设施建设，加强社会信用体系建设，为金融机构合理布局提供基础条件。

（二）强化政府对金融行为的监管

根据金融抑制论的描述，不恰当的政府干预会影响金融功能的正常运作，而金融约束论又提出，政府应当介入金融市场，使其规范化发展。因此，兵团应正确认识金融机构和政府部门的关系，明确政府职能，保障金融机构信贷决策的市场化。政府部门应当以指导手段和协调手段为主，增强政府威信，不断优化融资环境，增强金融机构的信心。同时，要建立长效的监督检查机制，维护金融市场各方权益。此外，政府部门应不断提高服务功能，做好服务城乡的本职工作，防止金融机构盲目、无序地支持城镇化，这样才能实现政府、金融机构和城镇化三方的共赢。出台财税激励政策，积极采用信贷贴息、税收减免等措施，激励金融机构加大投入并补偿其相关项目的信贷损失，

充分发挥政策的导向作用，吸引社会金融资源服务城镇化。

（三）优化现代金融管理体系

健全现代金融管理体系并采取必要的制度建设，是构建城镇化金融功能体系的支撑之一[①]。为解决惜贷现象，金融机构应开发面向小城镇、乡镇建设项目的灵活多样的金融管理模式；制定配套的信贷政策，出台相应的操作办法，适当放宽贷款审批权限，对资源优势和区域优势明显的乡镇和乡镇企业给予支持。建立存款保险制度，同时建立相应的资信评估系统，发挥对新型城镇化建设的风险补偿作用。在建立存款保险制度的过程中，退出机制的建立也是重要的环节，健全的退出机制是维持金融机构健康发展和市场稳定的重要保障。

（四）加快信用体系建设

现代市场经济是建立在错综复杂的信用关系基础上的信用经济。一个良好的社会诚信环境是金融生态有序运行的基本前提。在建立和完善社会信用体系方面，重点是企业和个人征信系统上的建设。加快整合银行及有关部门的信用资源，避免重复建设和信息分割。同时要加快信用立法进程，实现信用市场的有法可依，以营造良好的社会信用环境和规范的社会信用秩序。积极借鉴国外先进经验，大力发展专业化金融中介机构，严格规范行业准入条件和中介机构从业人员的素质。强化从业人员的职业道德规范，促进金融机构提供高水平的服务。

① 刘洋. 新型城镇化进程中的金融支持新思路研究［J］. 北方经济，2012（12）.

第六章　兵团不同类型城镇化建设中金融支持的对策建议

兵团建制市镇与非建制市镇在城镇化建设中融资方式存在差别，其中前者拥有健全的财税权利，能够通过培育本地区产业发展进而为城镇化建设培育优质税源，而后者却不具备该项功能，因此对其金融扶持城镇化建设的政策建议也应区别对待。以下分别从兵团建制市镇城镇化建设中的金融支持和兵团非建制市镇的城镇化建设金融支持两方面给出对策建议。

第一节　兵团建制城镇化建设中金融支持的对策建议

一、针对兵团城镇金融体系发展不健全，金融服务供给层次低、支持面窄问题

（一）加快国有大型商业银行和股份制商业银行在兵团所辖城市（镇）设立分支机构的步伐

争取天山农商银行在兵团所辖城市（镇）均设立分支机构。优化

现有网点布局，实现银行服务充分竞争格局。对此，石河子市应继续深化与国有大型商业银行的合作，积极引进政策性和股份制银行，加快农村合作银行的改制步伐，实现现有村镇银行的快速发展；五家渠市、阿拉尔市、北屯市要重点引进国有大型商业银行分支机构，天山农商银行网点数量要有所增加；图木舒克市要重点解决目前银行机构单一的现状。

（二）继续加大兵团城镇化建设过程中对政策性银行的开放力度，争取更大的信贷支持

城市基础设施建设落后，融资渠道单一，是制约兵团城镇化建设向前推进的关键所在。究其原因是由基础设施项目的特点所决定的：投资规模大、建设成本高、期限长、利润相对较低。显然，个人和中小企业都无法满足这种要求。而大部分兵团建制市的财税收入非常有限，同时商业银行由于追求利润最大化以及风险偏好等原因，涉及城镇基础设施建设项目较少。面对这种情况，政策性银行中国家开发银行宗旨是支持国家基础产业和支柱产业，农业发展银行开展了县域城镇建设贷款，这无疑给兵团城镇化建设带来了福音。具体操作上可通过：

其一，将信贷资金和土地资本相结合的模式，以土地预期收益和土地使用权做质押，依靠土地收益还本付息。

其二，信贷资金与龙头企业相结合的模式，通过产业化龙头加工企业的带动，实现土地有偿流转，土地资源适度集中，棉花、红枣生产集约化和规模化经营，提高农业生产的科技含量和生产效率，建设新型职工社区，并依靠项目自身综合经营收益和国家、兵团财政补贴还本付息。

其三，通过信贷资金与财政投资项目资金相结合的模式，对国家

投资建设的重点项目及配套设施项目建设，通过"先垫后补"的过渡性融资方式及时跟进投入，有效弥补财政资金在时间或空间上投入不足的问题。

（三）全方位加大金融服务于城镇化发展的趋势

其一，在服务城镇居民消费需求方面，随着城镇化不断推进，大批农民工迁入城市，变农民工消费为市民消费，将催生大量消费贷款需求。据测算，如果一个农民工真正成为城市居民，收入和消费至少将扩大到 3 倍以上。面对城镇居民人均收入的大幅提升，消费能力的不断增强，银行除了要不断拓展消费金融供给渠道，开发多样化的消费金融产品，支持居民多样化消费融资需求外，还需要加强支付渠道建设，增加城镇 ATM 机、银行卡受理设施数量，不断拓展银行卡使用范围，积极推广网上支付、电话支付、移动支付等支付创新业务以满足城镇居民产生的更多金融需求。

其二，在服务城镇化基础设施建设方面，面对城镇化所带来的大量基础设施建设，以及农民变为市民，城市的承载能力的加强，兵团将加快城镇的交通、供水、供电、通信、文化娱乐等公用基础设施建设，贷款需求巨大。因此，需要做好金融大力支持城镇基础设施建设，加快推进"智慧城市"建设进程。

其三，在完善城镇化融资的体制机制上：一方面要建立金融支持城镇化的财税激励机制，建议兵团对参与城镇化建设的主要金融机构在再贷款、再贴现等方面给予优惠激励，对市域大型商业银行机构给予与信用社相同的税收优惠；另一方面针对城镇机构或个人的贷款行为，应充分发挥兵团"集中力量办大事"的优势，积极构建针对城镇机构和个人的信用评级、信用备案、信用跟踪制度和体系以促进兵团诚信城镇的建设。

其四，在创新政府与银行关系方面，政府要努力构建与银行的新型合作关系，充分将银行的融资优势与地方政府的政策导向优势紧密结合，推动新型城镇化健康发展。

二、针对由兵团产业发展滞后进而减缓城镇化建设步伐问题

（一）从实际出发，以新型工业化带动城镇化发展为突破口，加大重点产业信贷支持力度

在兵团有建制的城市（镇）应加强金融投向与产业政策的协调配合，加大对食品医药、纺织服装、氯碱化工及煤化工、特色矿产资源加工、石油天然气化工、新型建材、装备制造、生物技术、电子信息、新材料、新能源等产业的金融支持。继续增强文化创意、现代物流、商贸流通、商务服务、旅游业等现代服务业信贷投入。鼓励金融机构对重大装备和关键性技术的开发与生产给予重点信贷扶持，通过重点产业的发展带动城镇化的发展，进而为城镇化建设培养优质税源，促进城镇化基础设施建设。

（二）增加对中小企业的信贷投入，充分发挥中小企业集聚效应

从发达国家与我国沿海发达地区的经验看，经济增长主要依赖于中小企业集群，而它们又往往集中于城镇，这些城镇是区域政治、经济、科技、文化、教育等最集中的地方，具有基础设施、产业服务、资源供应、市场信息、劳动力等多方面的聚集优势，并通过人才流、资本流、技术流、信息流、物质流等向广大经济腹地扩散，形成具有巨大助推效应的增长极，从而推动区域经济跳跃式发展。大力发展中小企业，引导中小企业集聚发展，形成具有区域特色的中小企业集群，更是推进城镇化进程的重要动力；而城镇化的迅猛推进，形成对各种社会资源高势能吸纳和高效率利用的资源转换中心、价值增值中心、

物资集散和流转中心、资金配置中心、信息交换处理中心和人才会聚中心，也为中小企业的集聚提供了更为良好的发展平台。因此，应竭力将改进中小企业金融服务作为信贷结构战略性调整的重要抓手，力争中小企业信贷增速高于各项贷款增速。

三、针对兵团城镇化建设资金投入总量不足，融资渠道单一问题

（一）优化金融市场结构，推行融资证券化

市场经济发展客观上要求金融市场结构优化，进行融资证券化，其理论根源在于：

（1）在市场经济条件下，随着居民储蓄占主体地位，人们对投资工具的选择呈多元化，投资者不仅需要安全性和流动性强的银行存款，也需要风险大但收益高的证券。

（2）融资证券化相较于以银行为代表的间接融资具有更强的利益约束能力。这种硬约束的融资方式在约束机制方面更能体现市场经济的一般要求。

（3）融资证券化对于整个经济具有重要的制度创新功能。有大量低成本的资本供给无疑是发展兵团经济和推进城镇化必须解决的问题，通过融资证券化推动城镇化进程的加快和在资源配置中引入市场机制，由此获得的增长效应要比从单纯地引进外资中得到的更加明显。具体操作方面可以兵团本级、市（师）为单位，以优质项目为依托，向广大社会公众发放城投债，具体还本付息可通过由项目自身综合经营收益和国家、兵团财政补贴方式进行。

（二）大力发展保险业，充分发挥其作为市场化风险转移机制和社会互助机制的作用

（1）保险机制有力提升城镇化综合承载能力，助力城乡基本公共

服务的一体化。城镇化的实质必然推动农村社会向城市社会转变。城镇化不仅需要住房及相关基础设施等"硬件"的支撑，也亟须医疗、养老等公共服务"软件"的保障。在推进城乡统筹的养老、医疗保障体系建设过程中，保险机制可以其具有的市场化和专业化，满足兵团城镇化进程中多层次、多样化的社会保障需求，促进基本公共服务的均等化。

（2）保险机制可促进信贷支农，改善农村（连队）的信用环境，促进农业现代化和城镇化建设，化解农村（连队）有效抵押物不足的难题，增强农民工抗风险能力，实现银保互动，有效激活农村（连队）金融服务链，降低信贷资金风险、增加农村（连队）信贷的有效供给，推进农业产业化发展和繁荣中小城镇经济，对促进农村（连队）剩余劳动力向中小城镇转移、实现当地农民工就地城镇化具有积极作用。

（3）保险机制可构建市场化的公众权益保障和矛盾调处新模式，有效解决农民工市民化身份转换过程中的社会管理问题。在农民工市民化过程中，由于多种原因，容易产生新的矛盾纠纷，给社会管理和社区稳定带来考验。通过引入保险机制，能够有效调动团结、稳定、和谐的积极因素参与社会治理，其中，责任保险作为现代市场经济条件下运用市场机制理顺社会关系、维护公共安全的重要手段，对保障公众合法权益、有效调解社会矛盾纠纷具有重要意义。

（三）鼓励支持小额贷款公司、典当公司在兵团的发展

争取在兵团所辖城市和重要工业园区设立多家小额贷款公司。支持和促进小额贷款公司接入人民银行征信系统，防范经营风险。引导和推进小额贷款公司建立与银行的资金批发运用机制，引导富余资金支持兵团经济发展。

第二节　兵团非建制城镇化建设中
金融支持的对策建议

兵团非建制城市（镇）金融支持城镇化建设体系的构建，一方面，可以吸取以上兵团有建制城市（镇）金融支持城镇化建设的经验做法；另一方面，由于兵团非建制市（镇）自身并没有健全的政府职能，缺乏财税权对城镇化建设的支撑，进而导致兵团城镇化贷款主体不规范，银行信贷积极性不高问题，在构建金融支持城镇化建设体系时还应做到：

第一，积极争取国家财政加大对兵团非建制城市（镇）的财政转移支付力度，确保类似城市道路改造、地下管网铺设、道路照明、绿化等公益性强、投资额度大、建设周期长、本身并不产生现金流收益，但同时又是城镇化建设不可或缺的项目建设能够顺利进行。

第二，努力提升团场银行服务水平。加快弥补兵团团场金融服务空白点，做到金融服务全覆盖。鼓励、支持国有银行和股份制银行在重点城镇、中心团场设立分支机构，加快推进兵团农行、天山农商、邮政储蓄银行在团部所在地设立物理网点，边远中心连队要以"村村通"工程为主要载体，借助自助设备、转账电话等金融服务便民设施满足基本银行金融服务，逐步营造良好的非现金支付环境。

第三，增加农业信贷投入。以农业龙头企业和现代农业示范基地为着力点，引导政策性银行业金融机构增加涉农信贷投放，确保涉农贷款比重持续提高。加大对农田水利等基础设施建设的中长期信贷资金投入。促进农业现代化与新型城镇化协调发展，实现"产城融合"，大力支持师级以上农业产业化龙头企业和农产品加工企业发展，延长产业链条，培养和壮大战略性核心客户群体，支持其产业升级技术改造和品牌创建。

第四，大力推动团场金融组织创新。鼓励发展新型农村（团场）金融组织，积极引导商业银行、民间资金投资设立村镇银行等新型农村（团场）金融机构以及小额贷款公司等新型基层金融组织。推动设立政策性、商业性农业保险机构和产品，为农户、农业和团场提供互助性保险。充分利用商业银行设立的中小企业金融服务专营机构，充分发挥专营机构的作用，实现中小企业的专业化服务。

参考文献

［1］李雪艳，乔永新．兵团农牧团场小城镇发展现状分析［J］．新疆农垦经济，2001（5）．

［2］蔡功文．新疆生产建设兵团城镇发展模式研究［D］．西北大学博士学位论文，2012.

［3］李江成．新疆生产建设兵团城镇化发展研究［J］．石河子大学，2010（6）．

［4］李彩霞，张军民．兵团"场镇合一"小城镇模式探究——以第八师北泉镇为例［J］．石河子大学学报（哲学社会科学版），2013（4）．

［5］温雅．关于石河子市北泉镇小城镇发展现状的调查研究［J］．新疆农垦经济，2012（7）．

［6］刘勇，高建华，丁志伟．基于改进熵权法的中原城市群城镇化水平综合评价［J］．河南大学学报（自然科学版），2011（1）．

［7］王洋，方创琳，王振波．中国县域城镇化水平的综合评价及类型区划分［J］．地理研究，2012（7）．

［8］魏后凯，王业强，苏红键，郭叶波．中国城镇化质量综合评

价报告［J］. 经济研究参考，2013（31）.

［9］安晓亮，安瓦尔·买买提明. 新疆新型城镇化水平综合评价研究［J］. 城市规划，2013（7）.

［10］陈鸿彬，孙涛，侯守礼. 农村城镇化建设及管理研究［M］. 北京：中国环境科学出版社，2005（2）.

［11］王婉婷，赵林. 东部地区农村城镇化金融服务的供求矛盾［J］. 中国国情国力，2011（1）.

［12］王涛. 新型城镇化导向下的金融支持体系研究［D］. 山东财经大学博士学位论文，2014.

［13］王小波，陶玲琴，魏修建. 关于我国农村城市化路径的选择与金融支持［J］. 中国人口、资源与环境，2007（4）.

［14］曹凤岐：建立多层次农村普惠金融体系［J］. 农村金融研究，2010（1）.

［15］刘洋，新型城镇化进程中的金融支持新思路研究［J］. 北方经济，2012（12）.

［16］高珮义. 城市化发展学原理［M］. 北京：中国财政经济出版社，2009.

［17］曹宗平. 西部地区既有城镇化模式的弊端与现实选择偏好［J］. 当代经济研究，2011（2）.

［18］汪芳. 新疆兵团特色城镇化建设管理模式与运行机制建议［J］. 农村经济与科技，2011，22（8）.

［19］郭斌等. 日本和印度的城镇化发展模式探析［J］. 首都经贸大学学报，2011（3）.

［20］孟翔飞等. 城市发展理论与辽宁城镇化创新发展模式选择［J］. 东北财经大学学报，2010（5）.

［21］赵梅等．新疆城市化发展模式研究［J］．新疆师范大学学报（自然科学版），2005（1）．

［22］Lucas，R. E. Life Earnings and Urban – rural Migration［M］. Mimeo：University of Chicago，2008.

［23］J. Vernon Henderson. Cites and Development［J］. Journal of Regional Science，2010，50（1）：7 – 14.

［24］Ravallion，Martin，Shaohua Chen. New Evidence on the Urbanization of Global Poverty［J］. World Bank Policy Research Working Paper，2007（1）：1 – 14.

［25］Dirk Bezemer and Derek Headey. Agriculture，Development，and Urban Bias［J］. World Development，2008，36（8）：7 – 14.

［26］周国胜等．兵团人口分布状况对小城镇建设影响问题初探［J］．新疆农垦经济，2005（3）．

［27］何元超，闫海燕．新时期兵团人口发展问题探析［J］．新疆农垦经济，2011（10）．

［28］刘月兰，汪学华．1954～2005 年新疆兵团人口发展特点及制约因素分析［J］．西北人口，2008（10）．

［29］李为超．新疆生产建设兵团人口分布变动初探［J］．新疆农垦经济，2011（10）．

［30］乔斯斯．对新疆生产建设兵团发展模式的研究［J］．中央民族大学，2012（5）．

［31］魏义慧．兵团城镇化发展的现状、问题与对策［J］．市场论坛，2011（5）．

［32］顾光海．新疆兵团"师市合一"城镇化发展道路探析［N］．新疆大学学报，2010，38（4）．

［33］李大勇．从问题上交到协调解决：传统与创新［J］．西部法学评论，2011（1）．

［34］周莅华．天北新区行政体制问题研究［J］．兵团党校学报，2010（1）．

［35］张友德．加快兵团垦区城镇化是再造辉煌的现实选择［J］．中国农垦经济，1995（8）．

［36］朱磊，程广斌．兵团城镇化：问题与对策［J］．小城镇建设，2004（7）．

［37］冯兰新．兵团城镇发展的模式及功能分析［J］．兵团教育学院学报，2001，11（4）．

［38］杨建平．兵团城镇化发之路［J］．中国农垦经济，2004（5）．

［39］马彦梅．试论兵团城镇化与农业产业化联动发展［J］．兵团党校学报，2002（1）．

［40］黄达远．试论兵团屯垦城镇的特征［J］．新疆社科论坛，2008（2）．

［41］陈科．新疆兵团新型城镇化发展及对策研究［N］．城市规划，2012（7）．

［42］李秀芹．新疆生产建设兵团体制研究［J］．南昌大学，2012（6）．

［43］陈鸿彬，孙涛，侯守礼．农村城镇化建设及管理研究［M］．北京：中国环境科学出版社，2005（2）．

［44］新华网．新疆工作座谈会召开 胡锦涛、温家宝发表重要讲话［EO/BL］．http：//www. xinhuanet. com/chinanews/2010－05/21/content_ 19849101_ 4. htm.

［45］ Peter R. Stopher. Financing Urban Rail Projects：The Case of Los Angeles ［J］. Transportation, 1993, 20 （3）：229 – 250.

［46］ Kim, Kyung – Hwan. Housing Finance and Urban Infrastructure Finance ［J］. Urban Studies, 1997, 34 （10）：1597 – 1620.

［47］ Cho S – H., Wu J. Boggess W. G. Measuring Interactions among Urbanization, Land Use Regulations, and Public Finance ［J］. American Journal of Agricultural Economics, 2003, 85 （4）：988 – 999.

［48］ CHANG Miao, PENG Lijuan, WANG Shiwen. Development of Environmental Management System in China's Financial Sector ［J］. Frontiers of Environmental Science and Engineering in China, 2008, 2 （2）：172 – 177.

［49］ 梁欣然. 我国城市化进程中的金融支持 ［J］. 金融教学与研究, 2007 （5）.

［50］ 李新星. 我国城市化进程中的金融支持研究［D］. 彭建刚. 湖南大学博士学位论文, 2009.

［51］ 方少勇. 小城镇城市化金融支持与政府干预 ［J］. 金融理论与实践, 2005 （4）.

［52］ 朱建华, 周彦伶, 刘卫柏. 欠发达地区农村城镇化建设的金融支持研究 ［J］. 城市发展研究, 2010 （4）.

［53］ 范立夫. 金融支持农村城镇化问题的思考 ［J］. 城市发展研究, 2010 （7）.

［54］ 王士伟. 农村城镇化进程中金融支持存在的问题及对策 ［J］. 经济纵横, 2011 （7）.

［55］ 刘泽佳, 李明贤. 农村城镇化进程中金融支持研究 ［J］. 湖南农业科学, 2012 （7）.

［56］ S. Mostafa Rasoolimanesh, etc. City Development Strategies （CDS） and Sustainable Urbanization in Developing World ［J］. Procedia － Social and Behavioral Sciences, 2012 （36）: 623－631.

［57］ Elfie Swerts, etc. The Future of India's Urbanization ［J］. Futures, 2014 （56）: 43－52.

［58］ 肖万春. "两型" 区域经济发展新论 ［M］. 长沙: 湖南人民出版社, 2011.

［59］ 林宪斋, 王建国. 推进新型城镇化的实践与探索 ［R］. 北京: 社会科学文献出版社, 2012.

［60］ 连玉明, 武建忠. 中国政情报告2011 ［M］. 北京: 中国时代经济出版社出版发行处, 2011: 194.

［61］ 王瑞鹏, 郭宁. 新疆城镇化过程特征与评价——基于对两种指标体系对比分析的视角 ［J］. 生态经济, 2012 （10）.

［62］ 方兴, 张栋. 兵团农牧团场城镇化财政管理模式探析 ［J］. 新疆农垦经济, 2012 （10）.

［63］ 陈科. 新疆兵团新型城镇化发展及对策研究 ［J］. 城市规划, 2012 （7）.

［64］ 张宗益, 许丽英. 金融发展与城市化进程 ［J］. 中国软科学, 2006 （10）.

［65］ 郑长德. 中国的金融中介发展与城镇化关系的实证研究 ［J］. 广东社会科学, 2007 （3）.

［66］ 徐小林, 刘春华, 王树春. 基于VAR模型对城镇化、工业化与金融发展变迁的实证分析——广饶案例 ［J］. 金融发展研究, 2012 （12）.

［67］ 孙长青. 基于VAR模型的城镇化、工业化与金融发展关系

分析——以中原经济区为例 [J]．经济经纬，2012（6）．

[68] 蒙荫莉．金融深化、经济增长与城市化的效应分析 [J]．数量经济技术经济研究，2003（4）．

[69] 黄勇，谢朝华．城镇化建设中的金融支持效应分析 [J]．理论探索，2008（3）．

[70] 张玉霞，陈文新．城镇化与金融支持的协调度分析——以新疆生产建设兵团为例 [J]．湖南财政经济学院学报，2012（4）．

[71] 张雯．金融支持兵团城镇化发展的效应研究 [J]．新疆农垦经济，2012（1）．

[72] 贾康，孙洁．城镇化进程中的投融资与公私合作 [J]．中国金融，2011（19）．

[73] 付敏英，汪波．城镇化融资方案选择研究 [J]．湖南大学学报（社会科学版），2012（6）．

[74] 王建威，何国钦．城镇化发展与财政金融支持机制协同创新的效率分析 [J]．上海金融，2012（6）．

[75] 何静，戎爱萍．城镇化进程中的金融创新研究 [J]．经济问题，2012（1）．

[76] 唐晓旺．河南省新型城镇化投融资机制创新研究 [J]．管理学刊，2012（5）．

[77] 王薇．我国城镇化进程中的新型融资模式 [J]．安庆师范学院学报（社会科学版），2012（6）．

[78] 刘志勇．利用私募股权投资基金加快城镇化步伐 [J]．中国经贸导刊，2013（1）．

[79] 王勇．金融支持兵团城镇化发展对策研究 [J]．时代金融，2012（23）．

［80］Robert C. Merton S. The Financial System and Economic Performance ［J］. Journal of Financial Services Research，1990，4（4）：263 - 300.

［81］戈德史密斯. 金融结构与金融发展 ［M］. 上海：上海三联书店，1990.

［82］Christopher A. Sims. Macroeconomics and Reality ［J］. Econometrica，1980，48（1）：1 - 48.

后　记

　　2014 年习近平总书记在考察新疆生产建设兵团时强调：新形势下，兵团工作只能加强，不能削弱。城镇化是兵团实现"稳定器、大熔炉和示范区"的重要载体和重大举措，事关新疆社会进步与稳定、国家安全与边防巩固。目前，受体制机制制约，兵团自身基本没有财税权，各项城镇化建设主要依靠中央有限的财政补助。在这种情况下寻求新的资金渠道，支持兵团城镇化进程，促进兵团经济、社会可持续发展是摆在我们面前亟须解决的首要问题。构建具有兵团特色的城镇化金融支持体系，是我们解决制约兵团城镇化发展资金难题的不二之选。

　　本书主要是在笔者主持的兵团社科基金项目《兵团城镇化建设中的资金需求与金融支持研究》（项目编号：12YB24）的基础上经过整理加工，并加入课题组后续研究成果所形成的一部学术著作，其付梓问世，不仅是课题组对兵团城镇化金融需求大量调研、真实体验与反复思索的学术表达，也是我们长期从事兵团财政金融研究的阶段性总结。本课题由笔者主持并提出研究思路，设计总体研究计划，带领课题组成员实地调查研究，拟定写作提纲。与各章撰稿人讨论拟定写作内容，最后对全书各章节进行调整、补充、修改并定稿。张杰、吴春贤、王江协助笔者拟定撰写提纲，协调课题调研，收集相关资料，参与书稿的整理和修改工作。

在本书撰写调研过程中，得到了兵团财务局、兵团建设局、兵团统计局、第八师建设局等相关部门领导和有关人员的热情帮助，在此对以上同志表示诚挚的感谢。在本书的编写过程中，参考了大量的文献，我们也向原作者表示深深的谢意。在本书出版过程中，经济管理出版社曹靖编辑做了大量精心细致的编辑工作，在此表示衷心的感谢。城镇化金融支持是理论界的热点，又是一个十分重要的现实问题。随着兵团城镇化建设的进一步推进，这方面的理论和实践会不断地丰富与发展，本课题组今后将继续跟踪研究。毋庸置疑，本书还存在这样那样的不足，切望得到有关专家、学者和读者的指正。

杨兴全